THE OPPOSABLE MIND

整合思维

——成功者与平庸者的分水岭

〔加拿大〕罗杰·马丁 著

胡雍丰 仇明璇 译

商 务 印 书 馆

2012年·北京

Roger Martin

The Opposable Mind

How Successful Leaders Win Through Integrative Thinking

Published by arrangement with Harvard Business School Press.

图书在版编目(CIP)数据

整合思维——成功者与平庸者的分水岭/〔加拿大〕马丁著;胡雍丰,仇明璇译. —北京:商务印书馆,2008.12(2012.6重印)
ISBN 978-7-100-05837-7

Ⅰ.整… Ⅱ.①马…②胡…③仇… Ⅲ.创造性思维—训练 Ⅳ.B804.4

中国版本图书馆CIP数据核字(2008)第062321号

整合思维
——成功者与平庸者的分水岭
〔加拿大〕罗杰·马丁 著
胡雍丰 仇明璇 译

商务印书馆出版
(北京王府井大街36号 邮政编码100710)
商务印书馆发行
北京瑞古冠中印刷厂印刷
ISBN 978-7-100-05837-7

2008年12月第1版 开本710×1000 1/16
2012年6月北京第3次印刷 印张11
定价:28.00元

商务印书馆—哈佛商学院出版公司经管图书
翻译出版咨询委员会

（以姓氏笔画为序）

致中国读者

哈佛商学院经管图书简体中文版的出版使我十分高兴。2003年冬天，中国出版界朋友的到访，给我留下十分深刻的印象。当时，我们谈了许多，我向他们全面介绍了哈佛商学院和哈佛商学院出版公司，也安排他们去了我们的课堂。从与他们的交谈中，我了解到中国出版集团旗下的商务印书馆，是一个历史悠久、使命感很强的出版机构。后来，我从我的母亲那里了解到更多的情况。她告诉我，商务印书馆很有名，她在中学、大学里念过的书，大多都是由商务印书馆出版的。联想到与中国出版界朋友们的交流，我对商务印书馆产生了由衷的敬意，并为后来我们达成合作协议、成为战略合作伙伴而深感自豪。

哈佛商学院是一所具有高度使命感的商学院，以培养杰出商界领袖为宗旨。作为哈佛商学院的四大部门之一，哈佛商学院出版公司延续着哈佛商学院的使命，致力于改善管理实践。迄今，我们已出版了大量具有突破性管理理念的图书，我们的许多作者都是世界著名的职业经理人和学者，这些图书在美国乃至全球都已产生了重大影响。我相信这些优秀的管理图书，通过商务印书馆的翻译出版，也会服务于中国的职业经理人和中国的管理实践。

20 多年前，我结束了学生生涯，离开哈佛商学院的校园走向社会。哈佛商学院的出版物给了我很多知识和力量，对我的职业生涯产生过许多重要影响。我希望中国的读者也喜欢这些图书，并将从中获取的知识运用于自己的职业发展和管理实践。过去哈佛商学院的出版物曾给了我许多帮助，今天，作为哈佛商学院出版公司的首席执行官，我有一种更强烈的使命感，即出版更多更好的读物，以服务于包括中国读者在内的职业经理人。

在这么短的时间内，翻译出版这一系列图书，不是一件容易的事情。我对所有参与这项翻译出版工作的商务印书馆的工作人员，以及我们的译者，表示诚挚的谢意。没有他们的努力，这一切都是不可能的。

哈佛商学院出版公司总裁兼首席执行官

万季美

谨以此书献给

整合思维的先驱

马塞尔·德索泰尔

目录

CONTENTS

致　谢

很多朋友和同事都为我写成这本书提供了帮助。首先且最重要的，必须感谢两位我最亲密的思想伙伴，希拉里·奥斯汀·约翰逊（Hilary Austen Johnson）和米赫内亚·莫尔多韦亚努（Mihnea Moldoveanu），没有他们，也就没有这本书。

1995 年我与希拉里相识，那时候她正在詹姆斯·马奇（James March）和埃利奥特·艾斯纳（Elliot Eisner）的指导下撰写斯坦福大学的毕业论文（Hilary Austen Johnson，“Artistry in Practice”，1998 年，收于斯坦福大学图书馆）。她向我介绍了马奇在组织行为学方面的著作和艾斯纳在定性研究方面的成果，这都为本书的著成提供了基础。希拉里的论文包含对于人如何发展艺术知识的探讨，其理论框架为此书后半部分提供了支撑；而且，我在书中对于领导者的采访技巧也受到她的影响；还有，此书前半部分模型中的基础概念是 2001 年在希拉里家（加利福尼亚州圣克鲁斯）的阳台上勾画出来的。强烈推荐阅读希拉里关于艺术性的最新文章（Hilary Austen Johnson，“Artistry for the Strategist”，*Journal of Business Strategy*，2007 年第四期，总第 28 卷，13 页—21 页）。

1999 年夏，在我担任系主任一年之后，米赫内亚加入了罗特曼管理学院的教师队伍，自那时起我们便成为很好的合作伙伴。2002 年他成

致谢

为德索泰尔整合思维研究中心(Desautels Center for Integrative Thinking)的学术主任,此中心是引导我们完成所有整合思维调研和教学的地方。他向我介绍了有关分析哲学和科学史的内容,对我的思想有着很深的影响。他是我所认识的知识最渊博的人,总是能够为我的想法找到学术依据,否则我根本没机会发现诸如美国易谬主义哲学家查尔斯·桑德斯·皮尔斯(Charles Sanders Pierce)的著作(第六章大量运用了其主要思想观点)。在罗特曼管理学院整合思维教学项目的设计和开发方面,他也功不可没,使研究结果得以运用于实践。

学院还有一群好搭档时刻关注着整合思维项目,并对此书观点的形成提供了莫大的支持和帮助。苏珊娜·斯普拉格(Suzanne Spragge)和我共同教授所有整合思维课程,讨论著书思路和行文方式;珍妮弗·里尔(Jennifer Riel)是我写书过程中的研究助理;梅拉妮·卡尔(Melanie Carr)接受过精神心理学方面的培训,在整合思维能力培养领域的情绪问题方面为我提供了很多思想借鉴。

2006 年夏天我开始写这本书,之前有幸获得一些才华横溢的作家和编辑给予的建议。作家马尔科姆·格拉德韦尔[Malcolm Gladwell,《引爆趋势》(*Tipping Point*)和《决断 2 秒钟》(*Blink*)的作者]、詹姆斯·苏罗维奇[James Surowiecki,《群众的智慧》(*The Wisdom of Crowds*)作者]和编辑亨利·芬德[Henry Finder,《纽约客》(New Yorker)]、布鲁斯·黑德勒姆[Bruce Headlam,《纽约时报》(New York Times)]都在文章结构方面提供了宝贵意见,布鲁斯的观点形成了最终的题目(谢谢你,布鲁斯!)。马尔科姆和布鲁斯还为书稿提出了很多重要的修改意见。

不少同事和朋友都读过我的书稿,并以文字形式提供了大量反馈意见,使我感激不尽。衷心感谢乔尔·鲍姆(Joel Baum)、布伦丹·考尔德(Brendan Calder)、彼得拉·库珀(Petra Cooper)、南希·洛克哈特(Nancy Lockhart)、特里·马丁(Terry Martin)、鲍勃·麦克唐纳(Bob McDonald)、萨莉·奥斯伯格(Sally Osberg)、乔·罗特曼(Joe Rotman)、戴维·史密斯(David Smith)、林恩·乌特(Lynn Utter)、拉里·沃瑟(Larry Wasser)和克雷格·怀涅特(Craig Wynett)。我的恩师、多伦多大学前校长罗布·普里查德(Rob Prichard)教我如何提炼与重要人士谈话的精髓,令我折服感激。我以前的学生,戴夫·伊登(Dave Eden)向我推荐了一个世纪之前出版的《科学》(*Science*)杂志,里面有托马斯·钱伯林(Thomas Chamberlin)的文章,其在本书中的重要地位恐怕是他始料未及的。

我在罗特曼管理学院的同事史蒂夫·埃伦伯格(Steve Arenburg)在联系成功领导者来学院接受采访的过程中发挥了重要作用。因为感觉到史蒂夫的诚意,这些在世界上数一数二的大忙人都乐意从百忙之中抽出时间,并肯定了采访的乐趣和价值。团队沟通公司(Teamwork Communications)的鲍勃·弗莱克(Bob Fleck)为讨论全程录像,让大师的经典语录以贻后人。卡伦·克里斯滕森(Karen Christensen),我们优秀的《罗特曼杂志》(*Rotman Magazine*)编辑,帮我从早至 1999 年的期刊中收集各种描述整合思维的文章。

2006 年夏,为了专心完成此书第一稿,我向学校请假暂时离开,不得不以耽搁罗特曼管理学院的教学进度为代价,如果不是两位副主任吉姆·费希尔(Jim Fisher)、彼得·保利(Peter Pauly)和首席答辩人(CAO)玛丽-埃伦·约曼斯(Mary-Ellen Yeomans),我根本不可能安心轻松地写作。不过他们好像不怎么想念我,这可让我有些懊恼哦。

哈佛商学院出版社的高级编辑杰夫·基欧(Jeff Kehoe)在我写书之前曾与我促膝长谈,也鼓励我把方案拿给他。他是一个不可多得的出版合作伙伴,使哈佛商学院出版社的强大团队得以支持此书的出版。在此我要感谢他的邀稿。

当手稿即将转化为印刷版的最后一刻,我还是找到了曾经与之有过最愉快合作经历〔我们共同润色了我的文章"The Virtue Martrix: Calculating the Return on Corporate Responsibility"(*Harvard Business Review*, *March 2002*)〕的哈里斯·科林伍德(Harris Collingwood),《哈佛商业评论》(*Harvard Business Review*)的高级编辑,书中每一个需要完善之处都凝聚了他的良苦用心。读者也应该感谢他,是他让文字在不失原意的基础上保持简洁流畅!但愿有一天,我能拥有和他一样精彩的文笔。

最后要感谢的是我出色的经理人蒂娜·贝内特(Tina Bennett),她属于令所有作家都求之不得的经纪人类型。当她认为一本书有其写作价值时,会竭尽全力促成它的发表,确保它被推荐到最合适的出版商那里并引起足够重视。不管我有多么焦躁不安,她都能够始终保持冷静,信心十足。她是一个真正的朋友,迄今为止我大部分书的出版都要归功于她。

希望你喜欢这本书。更重要的是,让它帮你开拓走向成功的自我潜力。上面提到的所有人都为你成功的可能贡献了力量,现在轮到你,也只有你能采取必要行动令它实现。希望《整合思维》能为你提供动力,如果真的可以,是对我的心血最好的慰藉。

第一章 选择、冲突和推陈出新
——整合思维解决问题的力量

一流智商取决于头脑中同时存有两个相互矛盾的想法而继续思考的能力。比如，人们应当在看到事情已经没有希望的时候，仍然决心扭转局势。[1]

——弗·斯科特·菲茨杰拉德

（F. Scott Fitzgerald）

1999年9月，李秦（Michael Lee-Chin）正面临紧要关头——算是他职业生涯中最严重的危机了。李秦已在自己一手创办的金融顾问公司，利基投资顾问公司（AIC Limited）成功执掌了十多个年头，但眼下的业务发展却日益枯萎，企业生存危在旦夕。情势确实不容乐观，但李秦下定决心力挽狂澜。

整合思维与利基公司的拯救行动

一路坎坷走来的李秦是牙买加华侨后代（父母都同时具有牙买加和中国血统），在九个孩子里排行老大。小时候在家乡牙买加安东尼奥港（Port Antonio，Jamaica），多少也会遭受被排挤、看不起的待遇，当地的孩子经常嘲笑他们兄弟姐妹，他曾告诉我那种感觉是“不知道自己是什么身份”，不是真正的中国人也不是纯种的牙买加人。[2]

李秦的母亲和继父都是当地超市职员，工作勤勤恳恳，活得很有尊严。他的母亲还有两份兼职，记账员和雅芳（Avon）直销员。凭着辛苦工作赚来的积蓄，他的父母最终开办了自己的超市，但仍然鲜有财富和奢侈品，更不可想象他们的大儿子有天竟能在福布斯亿万富豪榜上占有一席之地。[3]

1970 年，李秦离开父母只身来到加拿大，就读于安大略省汉密尔顿市麦克玛斯特大学（McMaster University in Hamilton，Ontario）。毕业后，他曾靠打零工维持生活，做过道路施工员和酒吧小时工，然而追求事业理想的雄心始终未曾磨灭。他对人热情友善，思维敏捷，身材伟岸——有六英尺四英寸高（约 1.93 米）——他认为自己天生就有销售才能，而且对投资很感兴趣。1983 年，他贷款 40 万美元投资股票市场，到 1987 年所掘之金已足够买下当时仅有 60 万美元运作资金的小型金融顾问公司 AIC。[4]

作为沃伦·巴菲特（Warren Buffett）的崇拜者，李秦在 AIC 公司所采取的策略对于当时的共同基金行业来说绝无仅有。大多数基金经理都是在一段时间内持有 100 至 200 支不同股票，平均每 18 个月左右更换整个投资组合。而李秦则奉行巴菲特长期持有相对固定公司群的股票策略，利基优势基金（Advantage Fund）精心选择 10 到 20 只股票，持有并握牢，如他所说“差不多永远吧”。李秦的“购买—持有—获利”策略果然奏效，1999 年，管理资产已增长了一万倍，达到 60 亿美元。

但到了 1999 年，如同我们当时经常听到的那样，世道变了。投资者疯狂购买网络股、科技股，认为新兴股能够大发横财，日交易量明显上升；此时奉行“购买—持有”策略，装满金融、制造和零售业股票的共同基金看起来实在是老气横秋。许多投资者对利基失去了信心，于是优势基金遭遇了建立以来第一次大规模净赎回，即基金在某段时间内赎回金额远大于申购金额。

1999 年 9 月 2 日上午，利基跌入低谷。李秦翻开当天的报纸，看到加拿大最具影响力的商业专栏作家撰文攻击利基公司的投资模式，还奉劝投资者趁早收手。文章还预测利基公司为了募集现金应对赎回高峰，将抛售优势基金中的大量股票。不仅如此，被迫无奈之下的资产抛售还会使投资组合中的股票进一步贬值，从而使收益率大幅下降，激起再一轮异常赎回。由于新的赎回需要抛售更多股票，恶性循环一发不可收拾，直至利基名存实亡。[5]

李秦清楚地记得那个灰色上午。“我的感觉糟透了！”他毫不隐讳。情绪虽然低落，他仍然看到了灾难背后潜藏的希望。他对我说，“危机”，正所谓“危险”与“机遇”并存。

李秦必须抉择，而且刻不容缓。应该卖出股票弥补赎回缺口，承认“购买—持有—获利”策略的致命错误，再选取一些热门的科技股使投资多样化吗？那样做或许能够拯救公司，但代价却是推翻他信奉和推崇的投资哲学。还是应该独树一帜，坚守阵地，却置公司命运于不顾，甚至一败涂地？

他振作着，斗争着，争分夺秒地思考着——最终作出了决定——并不是非此即彼。应该说成是，既此又彼。“市场希望看到我们不得不卖，而我说，‘如果我们就是不卖呢？如果我们转个弯，非得去买又会怎样呢？’我们把假设倒置，也就推翻了之前的结论。”

李秦还是不得不卖出优势基金中的一些股票去填补赎回空缺。但此后他采取了出乎意料的抢风调向。市场预测利基公司会将剩余资金投入科技股，李秦偏偏反其道而行之。“好吧，”他作出决定，“我们看好这一只股票，万信基金公司（Mackenzie Financial Corporation），并将倾囊而出购买它。”他把能从利基钱箱里搜罗出来的、能从银行贷款得到的钱都投到万信上，使其成为基金中他和员工们都熟知的重要股票。“我们已为购买万信而竭尽全力，”他回忆道，“股价一夜之间由 15 美元涨为 18 美元，最终卖出时（2001 年 4 月）每股已达到 30 美元。单位基金持有人足足赚到 4 亿美元，公司的获利也相当可观。”

决策不仅挽救了利基，还让公司一举成为加拿大最大的私有共同基金公司，李秦也成为亿万富翁。财富让他有能力购买牙买加最大银行，国家商业银行（National Commercial Bank Jamaica）75％的股份，并在牙买加、加拿大和世界各地大行慈善事业。

整合思维者之优势

李秦成功应对利基公司周转危机，对于其他商业困境的适用性或许有限。但李秦在那种无法重复的境遇下大胆而及时的反击并非一时兴起或虚张声势。我相信，无论何种领域，遇到什么难题，他的思考过程对于今天最具创新力、最成功的商界人士来说都并不陌生。

在过去的十五年中，我曾担任管理顾问，后来成为商学院院长，对那些取得骄人业绩的优秀领导者展开调研，试图找到贯穿他们成功的主线。近六年来，我曾采访过五十多位这样的领导者——有些访问已长达八小时——确实找到了这条主线。除了创新能力和领导素质之外，这些成功人士至少还有另一个共同点，就是倾向于而且善于同时衡量两种根本对立的观点，在从容淡定中不左不右，最终的抉择通过综合二者优势而达成。“整合思维”是我概括这一思考过程所用的词语——或者更准确地说，“权衡和综合”——是所有杰出企业及其领导人的显著标志。

在访谈中听闻那些思维敏捷的领导者如何应对职业生涯中的困惑和瓶颈时，我找到了一个能够形容他们思维动态的恰当比喻。整合思维者在纷杂中理清思路权衡对比的技巧让我想起了人类灵活的手。众所周知，人类区别于几乎所有其他生物的身体特征之一就是和其他指头对置的拇指。具备了拇指和其他四指对握的能力，我们能够完成各种高难度动作——琴棋书画、穿针引线、精雕细琢、手术行医。如果没有对置的拇指，这一切都将成为不可能。

漫长的进化过程赋予人类不可多得的潜能优势。如果潜能不得以更好的开发和锤炼，便会出现浪费和倒退。我们在学习写字、缝纫、绘画或打高尔夫时，对置拇指的使用同时锻炼了肌肉和头脑。如果无法实现对置的可能性，身体机能及相应的认知能力就不能得到开发。

同样地，我们同时可容两种对立想法的思辨头脑也是与生俱来的。通过权衡，可以找到优于两者的新思路。如果只能考虑单方面的想法，也就称不上是思辨的头脑，更无法得出综合的见解。正因为我们能够通过不断的练习开发拇指的对置能力，那些看似复杂的动作才变得轻而易举；所以我认为头脑的思辨能力也是可磨炼的，用以解决那些看似毫无头绪的难题。我们对问题的解决方案很难都像李秦得出的那样绝妙周全，但两种选择都属鸡肋的情况确实常见。如能合理运用思辨头脑，跳出非此即彼的怪圈，我们就能发现原本意想不到的途径。

关于人类思维的这一显著特点，我并非第一个发现者。六年前，弗·斯科特·菲茨杰拉德将"头脑中同时存有两个相互矛盾的想法而继续思考的能力"定义为"一流智商"。从这有分量的四字短语中可以看出，菲茨杰拉德认为只有智商达到最高境界的人才能掌握运用思辨头脑推陈出新的能力。

菲茨杰拉德的定论似乎匆忙了些。本书中的案例人物都具备一流智商这点不假，同样关键的是，在紧急关头权衡决策还需从容淡定。而我的观点近于另一位思辨头脑领域的学者，托马斯·钱伯林（1887 至 1892 年担任威斯康星大学 University of Wisconsin 校长，学者，博物学家）。1890 年他提出"多重可能假说"（multiple working hypotheses）概念，作为对当时盛行的科学方法论"可能假说"（working hypothesis，即科学家通过试错法和试验论证单一概念的有效性）的发展。在世界著名权威期刊《科学》（*Science*）杂志上发表的一篇文章中，钱伯林写道：

假设只有一个，经思索论证得出的说明性概念应该也只有一个。但充分的论证通常涉及多种因素的共同作用，经由不同比例融合于一个结论之中。因此真正论证过程必然是复杂合成的。这样的复合论证过程因多重假设方法论的应用而大行其道，并成为其主要的优点之一。[6]

我与五十多位杰出领导者的访谈印证了钱伯林和菲茨杰拉德的观点：运用思辨头脑从对立观点中权衡出新方法的决策者与一次只考量单一模式的决策者相比具有绝对优势。

思辨头脑的运用在任何时代、任何时候都是一种优势。而在当今世界，这种能力仅用优势两个字概括是远远不够的。信息饱和的程度已达到再多添加哪怕一点就会令好不容易才沉淀下来的局面又重新模糊不清。整合思维对于我们在一团乱麻中找到自我来说是必不可少的。在商业社会，解决问题的新思路已是呼之欲出。

工作中，我们作决定时通常需要权衡一系列的“或者”选择和利益关系。可以墨守成规保持稳定增长，也可以创新突破，设计、制造和销售新产品以试水的深浅；可以降低成本，也可以投资更新店铺和服务；可以为股东谋利益，也可以为顾客创实惠。但是如果存在一种方式可以令顾客和股东双方同时满意而不将就任何一方的需求呢？如果有一种途径可以满足生产增长而又对环境负责呢？如果有一种策略可以使业绩保持稳定而产品又引领先锋呢？

整合思维引领我们绕开“或者”的选择极限，告诉我们鱼和熊掌可以兼得，体会到诗人华莱士·史蒂文斯（Wallace Stevens）所说的那句“选择不在之间，而在之交”。[7]

没有理由认为整合思维只有在商业决定中才派得上用场。第四章给出了舞蹈家玛莎·格雷厄姆（Martha Graham）的例子。是她运用整合思维把舞蹈艺术从枯燥无味的古典风格中解救出来，并将其推向 20 世纪艺术革命的中心地带。整合思维在政治和政策领域也大有可为。二战后，美国外交家乔治·F. 凯南（George F. Kennan）凭借其思辨头脑发现了对于苏联来说毫无头绪的问题解决方案。面临斯大林的扩张野心，美国似乎不得不在全面战役——在核武器时代不可想象——和默许苏联王国的壮大之间作出选择。凯南并没有二者择一，而是改变了美国的遏制政策，通过文化、外交、经济压力、军事威慑和中间力量的综合作用回击斯大林的扩张趋势。遏制原则扭转了非战即降的局面，给出的重击致使苏联最终解体。拒绝刻板的、两边都是死胡同的所谓选择，采取复合的、动态的灵活方式，遏制政策不愧为整合思维的典型代表。

葛莱雷厄姆和凯南的例子表明，运用整合思维可以处理大到恐怖主义、全球变暖和经济发展的不平衡等问题。本书并不打算讨论这些问题，而是描述聪明的商业决策者在面临看似不可解决的冲突时如何稳赚不赔而又推陈出新。在面临当下——或者未来——的一些困境时，或许这本书能够为你指出一条新路。

宾至如归

四季酒店（Four Seasons Hotels and Resorts Ltd.）堪称世界上最成功的豪华酒店连锁集团，其品牌在顾客心目中相当于顶极奢侈服务的代名词。其创始人伊萨多·夏普（Isadore Sharp）也是运用整合思维的高手。创业之初，夏普所拥有的只是邻近多伦多市中心的一家小型汽车旅馆，只能算是当今四季酒店的缩小模型，此后是多伦多市中心的一家大型传统宾馆，旗下这两家宾馆同为当时世界酒店行业中盛行的主流模式。

后来夏普发现自己的商业设想在两种流行模式之下越来越得不到发挥。他喜欢小型汽车旅馆的舒适和亲切感，但小到只有 125 个房间的规模根本无法获得足够收益以丰富商旅人士看重的健身设备、会议室、餐厅及其他休闲设施。同样,他也喜欢像模像样的大型传统宾馆,给顾客创造充分的享受空间,但1,600个房间所造成的距离感,还远不止失去融洽温暖的氛围。

这两种酒店模式之间显然存在着不可协调的矛盾。顾客可以因随意和个性化去选择汽车旅馆,也可以考虑到优越位置和齐全设施而入住传统宾馆,但却找不到能够兼备这两方面优势的酒店。业内人士也就自然而然非此即彼,选择了一种模式的优点,同时接受了随之而来的缺点。但夏普不在其中。他运用思辨头脑独创了新的模式,汲取了汽车旅馆的亲切感和传统宾馆的功能性。

解决宝洁的定价矛盾

2000年6月雷富礼(A. G. Lafley)担任宝洁公司(Procter & Gamble)首席执行官时,这家消费品生产商正摇摇晃晃踌躇不前。其增长率几乎停滞,连续两个季度利润告急,也因此砸掉了前任的饭碗。公司旗下十大著名品牌中的七个都面临市场占有率下降的危机;在研发方面的投资越来越多,所开发的新产品反而减少;与消费群体的沟通已出现断层。

公司内外所提供的大多数建议都是让雷富礼从成本控制方面入手。他们认为专卖店产品和低价替代品是宝洁最主要的竞争对手,降低价格是应该采取的合理措施。只要成本大幅降低,就能够维持低价。雷富礼不置可否。

另外一方面的意见认为,宝洁在产品创新领域已毫无生气。通向成功的唯一途径,就是发展创新,使宝洁产品差异化于其他低价替代品,定价区域倾向高端,从而获得利润。雷富礼表示理解。其实他完全可以对员工、零售商和消费者轻描淡写地一说,宝洁作出了某种选择:低成本、低价格，或者是，加大创新投资，提高品牌差异度，高端定价。

和李秦一样，雷富礼两边都没选——但又两边都选了。他的结论是，宝洁需要削减成本，提高价格竞争力；也要强调创新，使品牌明显优于对手。接下来的几年中，他采取了一系列精简管理层级和职能部门规模、合理适当外包、管理队伍年轻化、重视能力培养、增加现金流和削减成本的策略，同时不断将使顾客满意、为顾客创造价值的热情传递下去。在宝洁的公司史上，产品设计第一次成为关注点，雷富礼开辟了新途径，提升了品牌价值，也使产品价格超越从前。不久，宝洁开始以明显优势销售香皂、清洁剂、化妆品，把竞争对手远远抛在了后面；同时引进高端产品，诸如玉兰油新生唤肤（Olay Regenerist）面霜，价格已达到每瓶3盎司25美元。

是怎样的思维方式能够将两条截然不同的思路结合得如此之妙？从雷富礼所说的一句话中可见一斑。“我不是将就的人，”他曾对我说。于是不在“之间”而在“之交”的选择最终令所有人称奇。宝洁公司因此迈入收益持续增长阶段，公司利润增幅超过两位数，四年之内股票价格翻番。雷富礼也成为时代最佳首席执行官。[8]

软件合成

1995年创建之初，红帽集团（Red Hat Inc.）销售业绩仅为1,400万美元，无论如何也看不出它是一个能发展成世界主要Linux软件产品供应商、年收益达到4亿美元、令合作创始人鲍勃·扬（Bob Young）成为亿万富翁的超级企业。那个年代，摆在软件企业家面前的选择似乎只限于两种商业模式。诸如微软（Microsoft）、甲骨文（Oracle）等公司是典型私有软件（proprietary software，对私有软件的使用、传播或修改是禁止的，要么需要申请许可，要么限制对其充分自由的使用——译注）模式的代表，它们在研发领域投资颇丰，十分重视知识产权保护，产品的价格也很高。利润空间来源于用户无法获得免费升级服务,必须不间断地购买更新程序,以持续获取软件最大的使用效能。

另一种是所谓的免费软件模式——实为用词不准确,软件价格只是便宜但不能称作免费。供应商出售的简装CD包内含软件及其源代码。价格虽然比较低廉——Linux系统初期一套Slackware软件售价仅为15美元,与200美元的微软Windows操作系统同台竞争——但发行商每发行一个新版本便可实现薄利多销。销售量高,边际利润率低,收益不确定,部分原因在于不断增加的小型分散客户挤跑了追求标准化和可预知性的公司客户。

鲍勃·扬认为两种模式都不尽如人意,因为他希望始终致力于开放式软件和旗舰产品Linux的推广运动。Linux系统和开放式软件的源代码对所有人来说都是可以免费获得的,这样一来产品用户就对软件拥有了一定程度的控制权,而这种权利是私有操作系统所不能提供的。然而传统的免费软件模式却对红帽集团的发展产生了绝对的制约,包括生产增长、市场渗透率和利润率等各个方面。如果红帽仍然墨守成规,只会被平淡无奇地埋没在Linux操作系统的众多销售商中,锁死在边缘市场的竞争中。

本是两种选择,现却无从选择。鲍勃·扬索性将二者结合起来:作为开放源代码运动的忠实战士,他决定红帽公司的产品仍然公开免费;但也要借鉴私有软件巨人的成功办法,红帽应当通过建立与用户的持续服务关系来获取利润。他将产品重新设计,即可以通过互联网免费下载获得,这一举措曾遭到同事们的质疑,却最终使公司甩掉Linux领域的所有竞争对手,成为大公司唯一信赖的Linux系统规模供应商。红帽的主导性地位随之建立,财务指标屡创新高。[9]

行动还是思考?

本书分析了整合思维的过程,对其各个组成部分进行了划分,并就能力和技巧方面如何运用整合思维、练就思辨头脑提出了建议。在我们开始探索这些问题之前，应当首先给整合思维下一个定义：

富有建设性地处理彼此对立的意见的能力，不以牺牲一方为选择另一方的代价，而是以创新形式消除意见对抗，新的意见同时包含对立意见的某些因素，且优于对立意见的任何一方。

这一思维规律是在接受访问的众多领导人身上最常见的特征。除了灵活运用思辨头脑这一共性之外，他们之间的差异简直太大了：有年轻的，也有年老的；有理性谨慎的，也有直言不讳的；有敢作敢为的，也有三思后行的；有热闹合群的，也有缄默拘谨的。

既然干扰如此之多，确定领导人成功决策的唯一条件未免如同大海捞针。成功源于各种因素的综合作用这点不假，智商、动力、健康都会产生影响，还有把握时机等等。而整合思维则增加了成功的砝码，当然并没有将解决问题的其他方法和规律排除在外。

对思维方式的强调并不一定要得到商业理论家和从业者的广泛接受。近年来，摆在未来领导者面前的问题更多是“我该怎么做?”而不是“我该怎么想?”网络泡沫的破灭其实就是不切实际的策略失败，最终使做与想的天平倾向于“做”这一边。最有影响力的三部反映商界领导成功的畅销书也说明了这一点：霍尼韦尔（Honeywell）首席执行官拉里·波西迪（Larry Bossidy）与公司顾问拉姆·查兰（Ram Charan）合著的《执行——如何完成任务的学问》（*Execution: The Discipline of Getting Things Done*）、从教授到管理专家的吉姆·柯林斯（Jim Collins）所著的《从优秀到卓越》（*Good to Great: Why Some Companies Make the Leap...and Others Don't*）和通用电气公司前总裁、被誉为世界第一CEO的杰克·韦尔奇（Jack Welch）所著的《杰克·韦尔奇自传》（*Jack: Straight from the Gut*）。[10]

在《执行》一书中，博西迪和查兰认为“执行是当今商界一个尤其被低估了的问题”,并对那些倾向于思考策略的管理者颇有微词。作者列举并逐一说明了做到他们所定义的“执行”需要满足的条件,包含的内容还真不少:“执行的关键在于处理好三个核心步骤:人、策略和实施……这些步骤将最终决定执行能否成功。”[11]全书围绕三个核心步骤给出管理者应当如何执行的建议,并穿插以无可挑剔的管理范例,如 EDS 公司主席兼行政总裁迪克·布朗 (Dick Brown) 和朗讯科技公司(Lucent Technologies)董事长亨利·沙赫特 (Henry Schacht) 等。

《从优秀到卓越》揭示了企业如何从表现平平到基业长青,作者提出了现在非常流行的“第五级领导”(Level 5 Leadership)概念,即通常能够在卓越企业中找到的领导风格,表现出的是谦虚与意志的结合。这样的领导会把桂冠加在周围人而不是自己的头上,同时知人善用,设定远大目标,建立持久绩效。书中指出了成为第五级领导所应具备的各种能力。

韦尔奇在自传中带着读者一同走过他的心路历程,讲述了他如何登上通用电气的顶峰又如何把通用电气推向顶峰的故事。

这三部著作对行动的强调大过策略,博西迪和查兰把执行放在领导者应当重视的所有因素之上,柯林斯推崇谦虚为怀,但要具有强烈的企图心和意志力,韦尔奇则提倡志存高远,没有什么比赢更重要。

我不否认做的重要性:光想不做,毫无价值,毫无结果。然而,就算是自圆其说,这三本畅销书也没能开出领导者如何才能成功的实用药方。

跟上博西迪和查兰的逻辑不太容易。且不说他们对策略型领导者的不屑,最终又勉强承认策略是执行的前提。因为无法在策略和执行之间划出清晰界限,所谓的“执行”见势演变为领导者必须做到的一系列事情:策略加实施再加人的管理。他们的理论还因管理案例的个性而显得飘摇不定。书出版不久后,布朗和沙赫特就因业绩不佳而卸任。

柯林斯在《执行》中给出的建议简短而直白。他阐释了第五级领导应当怎样，但也坦诚相告无法手把手教你成为第五级领导。“为了你的个人发展，”他写道，“我尽量给出一些成为第五级领导的步骤，但没有足够的调研表明这些步骤的可靠性。”[12]

韦尔奇的例子很有趣。他是我关于整合思维的采访对象之一，也是我所认为的典型整合思维的代表。但我并不建议据他的所为推测他的所想。担任通用电气CEO之初，韦尔奇坚持公司的每项业务都必须在行业市场份额中数一数二，却发现下属分管领导对他这一指标的解读做法竟是，索性把业务局限在能够做到数一数二的零星方面；后来，又把公司各业务的市场份额缩减到不足百分之十。他认为，领导者如果把整个市场想象为比自己公司所占份额大得多，就能够更快地发现商业机会。由此看来，他确实是典型的整合思维者，虽没有刚性的思想指导，却在面临不断变化的环境时稳如泰山；虽然新的条件层出不穷，却在始终调整的方案下适者生存。若刻意模仿韦尔奇的做法，很可能会导致混乱和失调，因为他在职业生涯的不同阶段遵循的轨迹相反相悖。

我无意毁誉之前提到的任何著作。它们畅销的原因很简单：每个人都想知道成功领导者背后的故事，也都想成为更好的领导者。书中提出的视角各不相同，每种视角都具有独特价值，但在解决每一个商业问题时问自己“我该怎么做?”就等于在可供选择的途径得到探索之前已经锁定了这些选择。

博西迪和查兰说，对行动的重视并不一定能够促进更精准的思维，他们关于执行的定义太过宽泛，几乎涵盖了所有商业活动的范围，反而削减了其有用性。柯林斯认为，即使十分肯定第五级领导是个什么样子，但如何成为第五级领导的问题一直没有终结性答案。韦尔奇对领导执行力的关注也十分有限，因为在一种境况下看来适用的行动换个背景之后可能会大相径庭。

与其置身事外仅凭眼观学习领导者作为，还不如逆流而上追溯行动之源：思考。我提出的关键问题不是领导者林林总总的做法，而是他们采取某种做法的认知过程。博西迪或许认为迪克·布朗和亨利·沙赫特在执行方面可圈可点（先不管是如何定义的），但是在他们特定的商业环境中统观思考和执行两方面却实在不敢恭维，不然也不至于丢掉饭碗。

精彩预告片

破译精英管理者的思考过程是本书要抖的包袱。为此，我选择了具有完全成功记录的领导者案例，并尽量涉及各行各业的不同背景，包括商业界巨星杰克·韦尔奇、雷富礼、鲍勃·扬和 eBay 总裁梅格·惠特曼（Meg Whitman），名气稍逊一筹但同样成功的首席执行官伊萨多·夏普、艾默生电气公司（Emerson Electric）的查克·耐特（Chuck Knight）、恒达理财（Edward Jones）的约翰·巴赫曼（John Bachman）、IDEO 设计公司的蒂姆·布朗（Tim Brown）。有取得非凡成功的印度跨国公司首席执行官五人组——印孚瑟斯技术有限公司（Infosys Technologies）的南丹·尼勒卡尼（Nandan Nilekani）、印度工业信贷投资银行（ICICI Bank）的卡马斯（K. V. Kamath）、萨蒂扬软件技术有限公司（Satyam Computer Services）的拉马林伽·拉于（Ramalinga Raju）、塔塔信息技术有限公司（Tata Consultancy Services）的科利（F. C. Kohli）和拉马多艾（S. Ramadorai）——也有全球著名非营利组织的首席执行官：天下一家卫生研究所（Institute for OneWorld Health）的维多利亚·黑尔（Victoria Hale）和多伦多国际电影节（Toronto International Film Festival）的皮尔斯·翰德林（Piers Handling）。还有艺术圈的：设计师布鲁斯·毛（Bruce Mau）和电影导演艾腾·伊格言（Atom Egoyan）；学术界的：诺贝尔经济学奖得主迈克尔·斯彭斯（Michael Spence）和 20 世纪最伟大的经济管理大师彼得·德鲁克（Peter Drucker）。这些经济学家使他们所在学科领域的思维习惯得以转换，就如同首席执行官促成他们所在行业的管理范式变迁一样。

我的切入点是，详细探究棘手决定背后的思维过程。相信在那些关键时刻，思维模式会很清晰地显现出来。然而这一探索过程却并不简单，对我对他们都是如此。有人说回答我的问题会头疼！后来发觉，他们的决策思考过程是潜移默化的，很多被采访者都是第一次经历这种探究。虽然他们聪明绝顶，但并不经常回顾或陈述自己的思维过程。

采访通常都是一次完成的，采访者同意在有许多观众在场的情况下全程录像。有两回比较详细，大约花了八个小时。我想看看，延长时间是否能够发现他们思维过程中的重要转折点；结果并没有——仅仅是对他们的思维模式有了更深的理解。

对于我来说，采访是乐事，也是难事。被采访者的背景各不相同，取得成功的路径也千差万别。开始时我并不知道能否证明议题，找到思维过程中的共同模式。但随着采访的增多，我越来越能感觉到他们的思维处理器中都配有类似的操作系统。在各自环境中运用操作系统得出的结果虽然不同，但看得出来思维过程都是出自同一程序。推理模式，甚至认知规律，都属于整合思维。它有一系列可识别的步骤、一个自始至终的目标，能够被清楚领会并执行。

现在需要知道的是，并非所有成功领导者都善于进行整合思维。它很普遍，但不是放之四海而皆准。就有一些采访对象的思考模式很不一样，我也承认，有时根本无法把握领导者的思维，也确定不了思维模式之于成功的意义。由此可以判定，整合思维并非成功的必要条件，成功的原因和途径都是多方面的。尽管如此，整合思维仍然是联系我所有被采访者的第一共同话题。

培养思辨的头脑

还是那个重要问题：整合思维是少数派与生俱来的天赋，还是能靠后天有意识、有目的的培养而获得的一种能力？开章时菲茨杰拉德的一段话表明，整合思维是那些天生具备“一流智商”的人自然而然的能力。而钱伯林的显性可发展观恰恰相反，认为整合思维属于技巧范畴，哪怕不是天才也能够通过训练获得。他认为，思辨的头脑如同搁置物品一样，是拿过来就可以用的——也只有运用，才能发挥出解决问题的能力：

> 运用此方法的效果，首先是产生让人眼前一亮的某种特殊思维倾向，由于作为教育的因素之一，其可培养价值是很重要的。在坚持了几年之后，发展成为类似于此方法本身的一系列平行或复杂的思维习惯。区别于简单的线性思维连续，此时的思维过程是复杂的，头脑被同时产生的来自不同角度的观点占据，表现为同步分析综合各种现象的能力。[13]

整合思维是无法通过教育获得的，还是只是没有人去教这种方法？是菲茨杰拉德所认为的纯智商因素之一，还是钱伯林提出的关乎使用和实践的方法？

我自己的课堂经验表明——并非证明——可以教会人们运用整合思维，通过实践，人们会更纯熟地掌握这一方法并更加自信。显然，整合思维并没有当做技能被教过。社会能培养脑外科医生、电脑工程师，却罕有训练整合思维者的先例。整合思维技巧大多存在于已自觉或非自觉地具备思辨能力的头脑中，这些人很多都不见得清楚自己是如何思维的，他们的思维只是一种很自然的行为过程而已。但旁观者能够观察、描述并且分析他们的思维。正是通过这样有意识的、系统的研究，便产生了有关这一过程的教育方法。

下一章开始对整合思维进行全面的探索，首先将这一过程划分为四个分支阶段进行分析：凸显、因果、架构、解决（第二章）。然后看整合思维者从现实中提炼思维模型的能力，其对于经历分支阶段到最终解决方案产生的关键作用（第三章）。接着提出对抗整合思维的双重因素：简单化和专业化，以及如何避免其消极影响（第四章）。随即引入培养整合思维能力的框架（第五章），最后描述了如何在此框架的三个组成部分中培养相关能力——理性态度（第六章）、工具（第七章）和经验（第八章）——包括各部分的含义及如何培养等内容。

第二章　决不退而求其次
——整合思维者如何取舍

如果总是“要不然”，我们根本不会取胜。所有人都能轻松地说“要不然”。世界对此习以为常。想退而求其次，那就别想成为行业领头羊。如果总是将就着选择，你就总是不能成功。[1]

——宝洁公司总裁兼首席执行官

A. G. 雷富礼

整合思维者到底是如何思考的？他们怎样思考那些能够开辟新方向的选择，而不是重拾那些原地踏步的欠缺方案？为了回答这些问题，我们先看看在作决策之前所需的认知步骤。虽然通常是无意识的，但它们确实在决策过程中发挥了作用，并且无论是否涉及整合思维。也就是说，这些步骤并没有将整合思维者排除在外，但他们以某种独特的方式完成这些步骤。在讨论整合思维者的与众不同之前，我们需要先理解这些步骤。

第二章

思考和决策的过程

假设你在规划暑假的活动安排。想了很多，也和你的丈夫或妻子商量了许久，排除许多想法之后最终停留在三个方案上：骑车观光托斯卡纳(Tuscany)、探访柬埔寨古代寺庙，或者去夏威夷观赏鲸鱼。你们夫妻二人试图从这三个分量相当的选择中作出决定，于是互相设定了一些问题：

- 每个方案的花费各是多少？
- 都能提供哪些食宿条件？
- 旅行安排都有哪几种？是否能找到有经验的导游？
- 哪个目的地最有吸引力，最可能有不平凡的经历？
- 旅途中能否学到新东西？
- 旅行的安全性都如何？
- 中转的时间各是多少，与在目的地停留的时间相比如何？

以上这些问题都是你们认为与最终决定相关的重要因素，或者说，*凸显*。其他因素则无关或不重要——或是(因为你们还)没有认识到其相关性——所以在决策过程中不凸显。例如，计划时或许没有考虑路上会遇到什么样的人，你并没有特意把它划在相关因素范围之外，仅仅是没有明摆出来而已——你可能后悔，怎么和喝得醉醺醺的硬件销售员还有他们吵得要命的妻子搭了同一趟巴士。凸显具有个人化、特殊化的性质；我眼中的凸显或许和你的完全不同，我们都有盲点，或许但并非必然导致一些重要因素被遗落在考虑范围之外。“要是早知道就好了”也只能说说而已，“真希望作决定前我就考虑到这些。”

在考虑凸显的特征之后，虽然仍不够完整全面，下一步也需要看看这些特征彼此之间的联系：这里使用的词语是*因果*。长途旅行的花费是否多于短途(也就是说，在旅途长短和花费之间是否存在因果关系)？

有吸引力、能够猎奇的地方会不会不安全？旅伴的选择会使旅程更有意思还是让人遗憾？这里的关键在于，脑海中需要勾画出一幅示意图，表明凸显特征之间的联系——彼此之间的因果关系。简单的一幅图就可以罗列出各种因素在特定情况下的交织联系。

有了凸显因素联系示意图，再来关注决定的架构。简单的决定中，架构也相对单薄，因为决定是二元的："今晚去影院看新出炉的大片还是待在家里看电视？"而一旦涉及度假，变化不定的环节就会很多：旅行、住宿、活动安排，这才只是开始。我们可能会对自己说，"订酒店和航班之前，首先得想想每个目的地周围都有什么可去的地方。"或者换个角度："在考虑去那里能做什么之前得先弄清楚花费和后勤如何。"两种顺序都行得通。你还可能放下手里的工作，一边看航班和住宿安排，一边让你的妻子/丈夫查阅目的地可游览的去处。

作出决定的途径有很多，并没有对错之分。但你很可能会在分别思考各个部分的同时，忽略整个问题的全局。因为那会让你感到头痛不已，索性就让形成最终决定的每部分都散落各处。这样大脑是轻松了，但也说不定会让你损失半天的观光时间，因为你只考虑并选择了最早的也是最便宜的返程航班，而起飞时间稍微推后、票价稍贵的航班则让你另有时间安排几个小时去悠游葡萄园、参观一座庙宇，或者去鲸鱼馆溜上一圈……你只考虑了问题的一个单一方面——价格和花费——却忽略了不同选择对于整体经历的影响。

最后你该选择了：究竟是骑车观光托斯卡纳、徒步探访柬埔寨，还是戏水欢歌夏威夷。或许三个想法都不尽如人意——航班时间不合适，住宿条件很勉强，旅行安排人员已满——最后不得不推翻前面的重新再来。图 2—1 表现了这一思维过程。注意它是允许否定和反复的，虚线箭头部分是反向于思维和决策过程的。

无论决定什么，在到达终点之前我们要考虑凸显的因素；建立之于这些因素的因果关系模型；将因果关系组合为架构以得出具体结果；随之得出问题的解决办法。如果凸显、因果、架构部分有所不同，得出的办法自然也就不同。

既然已经将决策过程分解为四部分，现在回顾一下开章时的问题：整合思维者究竟是如何思考的？为回答这一问题，我们来观察整合思维者作出商业决策的过程。

图 2—1 思维和决策过程示意图

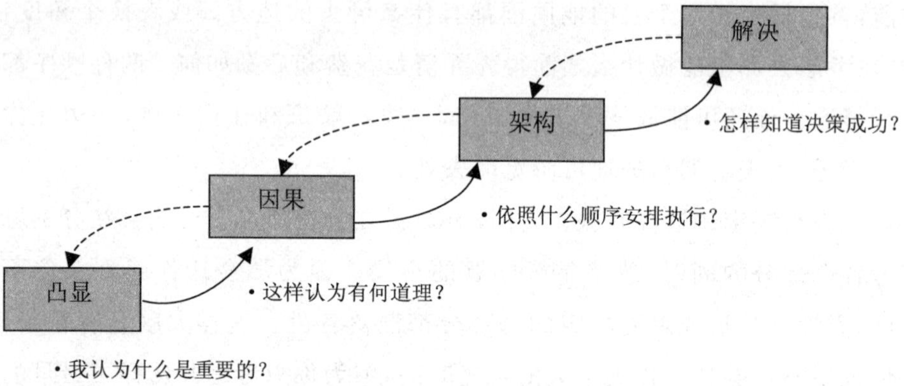

伊萨多 · 夏普：创造非凡四季

伊萨多·夏普是波兰人，兄弟姐妹四个，1931 年全家移居多伦多时，他还没有出生。[2] 父亲曾是泥水匠，后来成为建筑工程承包人。伊西（Issy，朋友都这么叫他）上高中时是明星运动员，绰号"超炫伊西"，十几岁时就成了父亲的得力帮手。

大学毕业后，他选择了在父亲的建筑公司工作。为客户建造汽车旅馆时，他决定将来也要建造并经营自己的汽车旅馆。六年后，也是经历了无数次贷款人和开发商的拒绝之后，夏普最终从朋友和家人那里借到了足够的资金，以行使他的伟大计划。四季汽车旅馆于 1961 年开业，在多伦多市中心一个破旧的街区挤出了一席之地，旅馆开设了 125 个房间，标准间价格为 12 美元/天。[3]

夏普创业初期，旅馆经营者通常面临两种选择。可以是小型的汽车旅馆，房间数量小于 200，为客人提供适当的休闲娱乐设施——房间里配电视，走廊里放制冰机，大厅里设酒吧和餐馆。这样既可以节约投资资金，而且房间的平均经营成本也很低。四季汽车旅馆采用的就是这种模式，凭借其温馨亲切的环境，体贴入微的服务，别具特色的餐厅和酒吧，很快成为当地生意人的精明之选。

相对于小而精的汽车旅馆，另一种选择是面向商旅人士的市中心酒店，通常有至少 750 间客房，丰富齐全的配套设施，包括会议室、多种风格的餐厅和宴会厅等（近年来又增加了健身中心、商务中心和电话会议设备）。夏普的第四家会议大酒店就属此类，它设有 1,600 个房间、豪华的休闲设施，还包括专有的大型购物中心。同他的第一家汽车旅馆一样，可赚利润，可聚人气。

每种宾馆模式都有各自的优势，也有其显著劣势。舒适和随意感倍增的小型汽车旅馆显然满足不了需要体面会议室或先进通信设备的商旅人士的胃口。大型宾馆能够获得大笔收益以投资市场所需的配套设施，但却有高高在上和漠然之嫌。

1972 年夏普的第四家酒店，四季喜来登（Four Seasons Sheraton）开业后，他便开始谋划下一步策略。他喜欢可爱舒适的四季汽车旅馆（Four Seasons Motor Hotel），但同时也意识到无法因此聚拢大幅收益以满足目标市场所需的配套设施要求。他和客人也都中意四季喜来登酒店的豪华设施，但那里给人的感觉却不像在家那样轻松自在。

与其在现有模式中二选一，被动接受其固有缺陷，还不如主动运用思辨头脑另辟蹊径。夏普将两种模式一起揣入脑中，思来想去，最后创造了解决两者之间矛盾的方法。他和我说，他寻找的是“小旅馆与大宾馆精华之结合”。于是构想出了中型宾馆——大之大能容全套休闲娱乐设施，小之小能集亲切和睦自在感觉。

他甚至有一个现成的模型。他的第三家宾馆，伦敦公园酒店（现更名“四季”），严格遵守伦敦市区的限高要求，标准间及套房共有 220 个，规模比典型的豪华酒店小，但却同时满足了夏普对于宾馆亲切度、豪华度和舒适度的追求。

然而，正是令夏普和顾客们都乐在其中的酒店规模，同时也成为经济运营方面看似不可逾越的阻碍。就算房间定价与同类竞争者持平，也只能够赚取微薄利润，因为与高端酒店相比，同样的配套设施方面的投入只能分摊在较少的房间数量上。即便如此，夏普也拒绝接受传统的酒店经济学。他认为，如果四季酒店能够提供优于同类竞争者的高质量服务，那么就能够在价格方面享有相当优势，从而获得足够收益以提供高标准的配套设施。当然，在能挺起腰板向顾客索取稍高价格之前，必须确保四季酒店所提供的服务与众不同。

四季酒店的“凸显”

与众不同的服务要做到什么又能给人什么感觉呢？要回答这一问题，思路就得突破创新。首先需要打破的常规是，“凸显”这一概念的传统定义。和其他酒店经营者一样，夏普考虑了选址、雇员水平、房间规模和装修等方面的问题，但并没有到此为止。他向顾客（大多数为商旅人士）询问他们在选择酒店时优先考虑的问题。同类竞争者认为，这一顾客群体十分看重服务质量，而夏普关于凸显因素的观点则更入微，更加人性化。他知道，很多顾客所经历的差旅次数都比预想的更为频繁，因此最盼望的就是出门在外也能像在自己家和办公室一样随意，而对于豪华和体面倒没有太多奢求。用夏普的话说就是：

> 我们研究过，调查过，也倾听过我们的顾客。他们大多数都是高层商旅人士，通常时间紧迫，还要办事高效。豪华一般是在建筑和装修风格上体现的，但我们则把豪华重新定位于服务——尽量去填补遗落在自己家和办公室里的那种舒适感觉。

为了复制如家的舒适度，四季酒店率先提供了洗浴香波、24小时客房整理、浴袍、化妆镜、吹风机、夜间擦鞋、干洗熨烫等服务。四季酒店也是首家提供24小时秘书服务的宾馆，这让客人们觉得更像是在自己的办公室里一样。紧随其后，竞争者相继效仿，但那时四季酒店的服务质量早已声名大振，令所有对手望尘莫及。

夏普所认为的凸显因素还包括每一家四季酒店开设之处的行业市场结构。业内传统做法是在整个酒店连锁中都实行相对固定的硬件配套和服务标准，这种简单统一的整体模式有利于保持独特的品牌归属感。

然而夏普并没有采用这种“均码”经营模式。多伦多和芝加哥不同，芝加哥和纽约有区别，纽约和巴黎又是大相径庭。要想在某个城市中首屈一指，四季酒店必须反映出夏普所说的“当地色彩和文化”。它的质量标准应当基于环境背景来设定，即使做到这一点意味着要面临更为复杂的管理模式的挑战。

结果证明，辛苦并不白费。将当地市场结构与衡量标准纳入考虑范围之后，四季酒店与对手相比不会高估或低估价格和质量。巴黎乔治五世四季大饭店（The Four Seasons George V Hotel）赢得了美国权威查氏（Zagat）调查的世界最佳酒店称号，恰恰归因于夏普和公司高管层将巴黎式的豪华理念引入酒店设计中，而不是像通行的做法那样，霸王硬上弓，置当地市场的特殊情况于不顾。

夏普先于竞争对手，还意识到了酒店所有权结构的凸显因素。在对手眼中，酒店的经营权和所有权是合为一体的，而夏普则从经验中判断，拥有酒店,有利有弊。所有权把资产捆绑起来,使经营者不得不遵循所在房地产市场的价值规律,从而分散了高级管理层本可用于其他地方的宝贵精力。而四季酒店则甩开这些包袱,成为第一家享有命名权,但并非拥有资产设施的专业酒店经营者。投资财团竞相购买四季酒店资产,而四季集团则乐此不疲地签署长期经营合同。尝到了模仿四季首创的房间内部配套的甜头,一些竞争者也开始引入夏普的经营哲学,将经营权与所有权一分为二,但夏普已经遥遥领先,因为这些凸显因素是对手们根本没有注意到的。

四季酒店的"因果"

为了刻画四季酒店的特有形象,夏普需要做的不仅仅是尽可能多地囊括凸显因素,还得在这些被对手们忽略的"凸显"之间寻找潜在的因果联系。

某些因果对于酒店行业中的任何人都是显而易见的:客房利用率和赢利水平之间的关系,房间总收入和食品饮料收益之间的关系等。但夏普还看到了逃出对手视线范围的其他的、更微妙的因果关系。

他发现了酒店规模和配套设施水平之间的复杂关系。传统观点认为,基于行业标准房间价格和控制率,能为商旅人士提供全套服务的酒店至少需要达到750个房间的规模才能获得足够的收益来购置配备所需的休闲设施。夏普对于规模和利润率之间关系的看法则略有不同。他知道如果能在提高房间价格的问题上呈给顾客恰当的理由,也就能够提供相当甚至优于对手的配套设施。

如何找到提高价格的服人理由?区别于其他酒店的服务不仅在于程度,而且在于种类。夏普又是怎样使酒店达到服务水平方面的双重要求呢?答案是,找到酒店对待其员工之道与其员工对待客人之道的因果关系,并将这种关系设定为四季酒店品牌的基石。通常,酒店业经理人认为员工是用过就可以丢掉的。新雇人员比例很高，而员工工资，这一笔成本中最可观的可变开销，是在经济萧条期首先被考虑削减的部分。大多数酒店雇员渐渐习惯了管理层看待他们的方式，于是也就接受了自己短期的、不稳定的、随时可更换的零部件地位。

尽管劳资双方鲜有忠诚度或共同使命感，大多数员工还是能够做到悉听尊便。他们的岗位是否牢靠取决于对条例和标准的执行程度，因此管理层和员工都把其间的联系理解为：好的服务就是达到固定要求、特定环境中的角色扮演——这或许能够解释许多酒店员工机械式的服务礼仪。甚至，提供好的服务早已更改了它的初衷，不过是保住饭碗的例行公事。

夏普在激励和规范员工方面有其独到之处。他看到了雇主善待雇员，而后雇员便会善待客人之间的直接联系。“员工只相信亲眼所见的东西，”他告诉我，“假设我们总是为利润、声望和配额斤斤计较，而不是将顾客和员工等人本因素置于首位，那么他们也就不会认同我们的价值观，更不用说全心全意地忠于职守。”

四季酒店再次出新，以大不相同的方式对待员工。为了让员工感到自己是酒店不可或缺的一部分，即使在不景气时期，酒店也会从经济方面尽最大可能保留员工，而这些都是其他酒店无法做到的。提供最为丰富的员工培训项目，鼓励公司内部人员晋升和流动。夏普说，四季酒店所力争的不同体现在“用人优先考虑工作态度而不是经验，建立内部职业生涯规划和晋升体制，关注员工意见先于关注客人投诉，升级酒店硬件时将员工设施考虑在内，消除自助餐厅与停车场的岗位层级，对员工一视同仁，鼓励自我规范，放低约法三章，看重业绩表现，培养彼此信任。最为重要的是，坚守我们的信条，营造互信气氛。”

夏普的经营之道获得了广泛认可，四季酒店也因此成为行业中的优选雇主。1994 年纽约四季酒店开业时，出现了 3 万余人竞争 400 个工作岗位的罕见局面。[4]直到现在，四季集团自 1998 年被《财富》杂志列入“百家最佳雇主”后，年年榜上有名。[5]

四季酒店的“架构”

夏普规划四季酒店的竞争策略时，并没有按顺序依次进行或者根据不同的功能领域拼凑决策。打破了首先确定规模，其次规范服务标准，而后制定人事政策的常规顺序，他始终保持严谨、清晰而集中的整体思路，逐一攻破各个难题。

一项组织原则，即夏普所说的“信条”，自始至终贯穿整个集团。四季酒店的每个成员都遵循着“黄金法则”：对待别人——伙伴、顾客、同事、任何人——像希望别人如何对待自己那样。这虽然已算不上什么新鲜的说法——父母都会这样教导子女（当然，效果千差万别）。新鲜的是夏普将其作为一家高端酒店连锁集团的基准管理法则。

不仅仅是管理方面，黄金法则其实贯穿了四季酒店的所有决策。酒店的高级管理层，从彬彬有礼的夏普开始，都像希望员工如何对待他们那样对待员工，然后员工以同样的方式对待顾客作为回应。酒店运营的每一环节都会围绕达到出色的服务质量而展开。

许多公司都只是把“人才是我们最宝贵的资源”放到嘴边说说而已，但夏普却是一丝不苟地在执行。“不同之处就在于我们做到了，”他对我说，“那些光说不做的高级经理在几年之内便乌纱帽不保。这是一个痛苦难捱的过程——或许是我作过的最为难的决定。但如果说员工是第一位的，关键时刻却把他们抛在脑后，那会是管理层最快的失信方法。与其最终做不到，还不如事先不承诺。”

为使整个经营都围绕出色的客户服务进行，夏普推出了一项关键的终极政策：四季酒店不设客户服务部。不是把客户服务工作单独指派给特定部门，而是让酒店中的每位成员都成为客户服务部的一员，成为客户服务的负责人。

四季酒店的“决策”

夏普的决策超越了当时两种主导模式的范围，并且汲取了二者精华。这一决策派生出重在执行的系统，嵌入整体之中而又不断强化整体的功能，成为行业经营模式的典范（见图 2—2）。[6]

图 2－2　四季酒店的决策执行系统

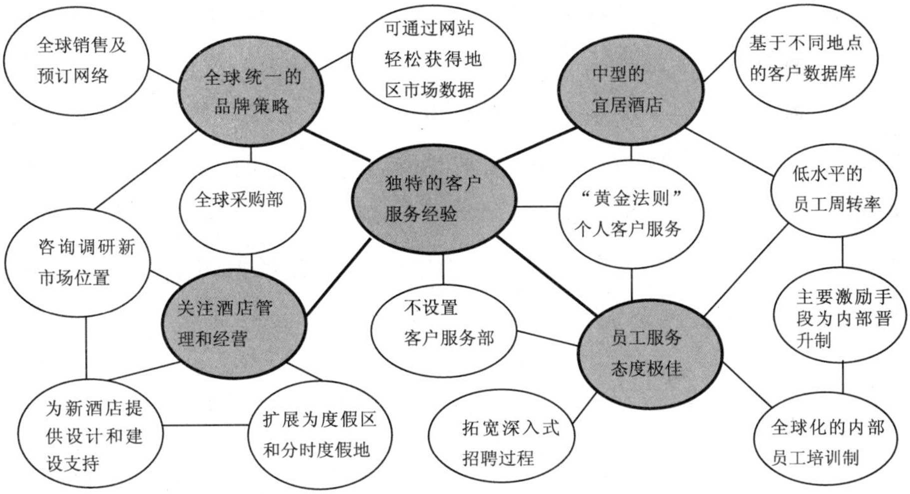

夏普“主打服务牌，使四季成为最佳服务的代称，其价值远远大于砖瓦水泥组成的固定资产”，并让事实说话。凭借地处 31 个国家的 73 家酒店，以及仍在开发中的 25 家，四季集团的规模已经令身后的第二大豪华酒店集团丽茨·卡尔顿（Ritz-Carlton，全球共有 59 家）甘拜下风。四季集团旗下有 18 家酒店荣登国际著名旅游杂志《康泰纳仕旅游者》（*Condé Nast Traveller*）“全球最佳酒店”榜单，数量是第二名的三倍。世界著名市场调研公司 J. D. 鲍尔（J. D. Power and Associates）将四季酒店列为豪华酒店之首。查氏调查则把它评为美国最佳连锁酒店。很多国家和城市都派代表团访问夏普,恳求引入他的酒店,因为四季酒店所在之处,往往会成为全球著名的旅游胜地。

除了在豪华酒店领域内蹚出一条新路子,夏普其实什么都没做。当然也可以说他将自己的经验和知识运用到问题之中,但拥有专业知识和技巧的同行很多很多,只有他一人成功创造了四季酒店的经营模式。我认为夏普与那些精明的"老江湖"之间关键的区别就在于,他善于发现更多相关的凸显因素,滤出哪怕更复杂的因果关系,并全面分析由此而得出的决策。正是思维模式中这三个显著特征使他能够绕过那些恼人的模棱两可状态,一击即中。

通观夏普的整个决策过程,就有可能清晰区分整合思维者与传统思维者之间的不同,这些我们随后会讨论到。尽管按照由是到非的顺序分程度考虑整合思维会更加准确,但为了达到分析目的,在整合与传统思维者之间,我人为划定了二分界线。这丝毫没有贬损传统思维者的意思,纯粹是为了找到差别。

勇于接受复杂

整合思维者与传统思维者之间的第一个差别是,整合思维者善于扩大凸显因素的选择范围。夏普取胜的关键在于,他关注的不仅是顾客主动提出的需求,还有没说出来的、但内心却很希望被满足的需求,例如在家或办公室一样自在。因为他想到了,所以能够尽量去顾及——竞争对手无暇顾及,是因为根本忽略了那些因素的存在。其他酒店跟风提供了洗浴香波,并非更深刻理解了客户需求,而是因为四季酒店那样做了,看上去似乎很有效。

凸显因素的增多会使问题变得复杂,但整合思维者并不畏缩。事实上,他们欣然接受。因为选择复杂的同时降低了构成决策整体必要条件缺失的可能性，因为答案通常在澄清复杂的那一刻显现出来。他们有信心不会在纷乱中迷失，而是不辞辛苦到达彼岸，成功获得解决难题的良方。

第二点，整合思维者勇于并善于考虑多方面的、间接的因果关系。单一的直接关系很容易追索，但通常也无法据此得出十分满意的解决方案。因此整合思维者不只单纯认为“竞争对手的价格已经开始冲击我们的底线，”还能更进一步认识到“我们的产品介绍确实触动了对手的神经，于是他们以降低价格作为回击策略，因此我们的利润率受到了影响”。与同行相比，夏普洞察到了宾馆规模与利润率之间更深层次的关系。许多人都认为，宾馆所开设房间的数量必须能够满足休闲娱乐设施的投资需求，并获得相当利润；只要达到这一最小值，利润将会随房间数量的增多而成正比例增长。他又总结出更为复杂和微妙的房间数量与顾客自在程度之间的递减关系——也就是说，房间数量的增长有利有弊，而他的竞争对手一叶障目，只看到单方面的“利”。

夏普还发现了服务质量与雇员对雇主满意程度之间的复杂因果关系。传统思维者认为，服务质量的高低取决于针对雇员—客户关系的规范是否严谨，而夏普看到的联系则大有不同。只要员工感受到四季酒店大家庭般的温暖，以及黄金法则的潜在作用，他们就愿意付出更多的心血，提供远高于所谓标准的服务。反之，若感觉到自己未被重视，只是毫无价值的一次性用品，那么他们便不愿——也不能——超越服务手册中的条条框框。

第三点区别在于决策的架构。整合思维者并不将问题拆分为若干独立的个体来逐一解决，而是在始终保持问题整体性的同时着手处理各个部分。他们会尽量避免产品设计与生产成本之间发生不吻合的矛盾从而导致重复劳动，因此会在设计产品的同时就考虑其可生产性。夏普将黄金法则作为其核心管理定律，涉及公司策略的方方面面，也反映出他将部分嵌入整体通盘考虑的能力和耐性。他这样形容成为酒店管理基石的黄金法则："联结并实现其他重大决定的策中策。"

整合思维者不仅接受凸显和因果的复杂性，在谋划决定时亦是如此。复杂性设置了重重思维挑战，他们之所以勇、之所以愿，是因为只有穿越复杂，才能一次又一次地获得突破。

第四也是最后一方面，整合思维者宁愿费尽周折找到问题的最佳解决方案，也不屑于勉强接受现成的拼凑。于是行动便涉及一系列反复——时间延迟、让队伍重新深入调查研究、在最后时刻想出新点子——引起了外部的犹豫不决，但最终的结果还是要由不接受模棱两可和传统方式的整合思维者拍板决定。夏普希望找到"小型汽车旅馆与大型宾馆之间的最佳契合点"。他不愿为了任何一个而牺牲舍弃另一个，但对任何一个又不能完全满意。达到目的的唯一办法就是彻头彻尾创造全新模式。

图 2—3 表现了整合思维的关键特征。

图 2－3　整合思维者的思维惯例

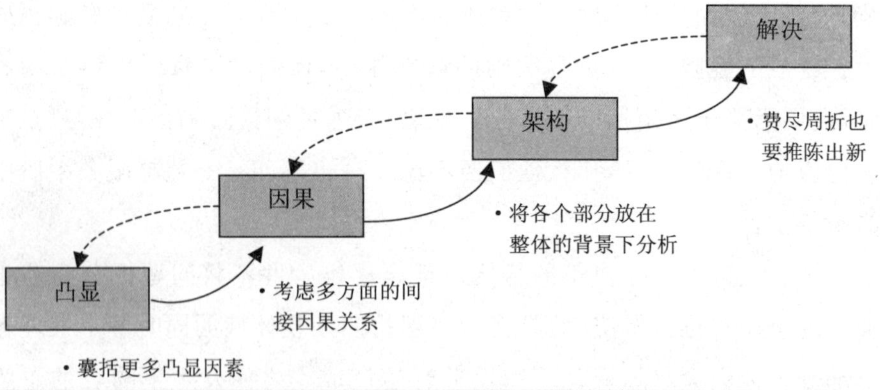

传统思维方式的难得糊涂

很大一部分管理决策的得出，所遵循的都是与上述四步截然不同的思维方式。有关凸显因素的传统思维目标是，尽可能勾画出最简单的决策图，并尽可能多地去排除干扰因素——或者在开始时根本就不把干扰因素纳入考虑范围之内。企业组织结构和文化一般都推崇专门化和简单化，每一功能分支都只关注自己领域内颇为狭窄的凸显方面。即便是现在，财务部门也从不将人的情绪因素列为凸显，同样地，关乎组织行为的部门也会将数据和数量问题排除在外。这些部门的员工都习惯成自然地削减凸显因素的相关范围，直至符合部门原则和性质为止。这样一来，其实是部门的不同分工令人们忽视了本该全面考虑的众多因素。

对于决策过程中凸显因素的不恰当，我们总是后知后觉。当决策失误，我们自言自语："早该想到负责欧洲业务的小组成员如何理解备忘录上的说明，"或者"怎么忘了在定夺分销中心的选址问题之前考虑一下政府的道路修缮项目呢。"这便是凸显选择误区的体现。并不是说我们错误地选择了某种凸显因素，而是根本就未将其纳入考虑范围之内。事出有因。我们身为其一部分的组织结构就是这样，致使许多有效的外部环境因素都散落在分支工作或部门职责之外，也就失去了成为凸显条件的资格。

传统思维者也有狭隘或简单看待因果关系的倾向。变量之间最为简单的关系是直线因果。当然，线性回归是商业世界建立二变数关系的优选模型，这无可厚非；虽然也有其他模型，但大多数经理都对它们敬而远之的原因在于：单纯的、单一方向的因果关系更容易寻找和处理。有多少次上司批评你把问题弄得过于复杂？你辩白，画蛇添足并非故意，只是按照问题原本的面貌反映事实而已。老板告诫你做好本职工作足矣，应该把徒增复杂性的潜在因果关系扁平化，尽量采用 A 增多 B 便增多的一目了然线性关系。

决策失误,还有可能是误解了凸显因素之间的因果关系。或许方向判断正确,但对程度估计不够:“我原以为随着规模的扩大,成本降低的速度会快得多,但实际看来并没有那么快。”或许根本颠倒了方向:“本来觉得新聘了咨询顾问,客户服务和接待能力会显著提高,可谁知却反而下降了,因为有经验的咨询师不得不花大把时间去培训新人,停留于纠正他们的初级错误。”

至于架构,传统思维方式中最常出现的纰漏是,只见树木不见森林。将决策过程根据各个功能部门分解调配可能达到了简化的目的,但同时也注定没人能够就一个单独问题揪出全部背景通盘考虑。于是在整体视角缺失的前提下,结果也会变得似是而非。假设夏普将公司治理规划分派给主管市场营销、客户服务、酒店运营和人力资源的四位副总裁,那么他们每个人提供的见解和答案还能够拼凑成四季酒店的整体经营方案吗?即便可以,还能够与夏普的方案相媲美吗?

最后,关于解决方案,传统思维者常会“忍气吞声”接受并不满意的“凑合”。就没有别的出路了吗?走到这一步,挖掘到新颖出奇办法的可能性早已流失殆尽,与其将现成的“凑合”全部推翻重来,还不如将错就错,他们耸一耸肩反问道,“还能怎样呢?”其实,如果选择一个完全不同的角度,选择一种能够容纳复杂、多方面因果关系,和全面通观的思维方式,能做的还有很多很多。

照搬世界,还是创造世界?

整合思维和传统思维的区别比较见图2—4。

两种思维方式在过程中彼此对立,产生的结果也截然不同。整合思维创造各种可能性、解决方案和新观点,也营造了产生无限可能的氛围;而传统思维却将潜在的可能性隐藏起来,把创造性方案逼进了死胡同。

整合思维使文思泉涌，意气风发；而传统思维总是自圆其说，认为生活就是接受中庸、妥协勉强和抹杀灵感的过程。基本上，传统思维者更愿意按照世界本来的面目接受现实，而整合思维者则敞开胸怀，迎接改造世界的每一次挑战。

图 2－4 整合思维 VS 传统思维

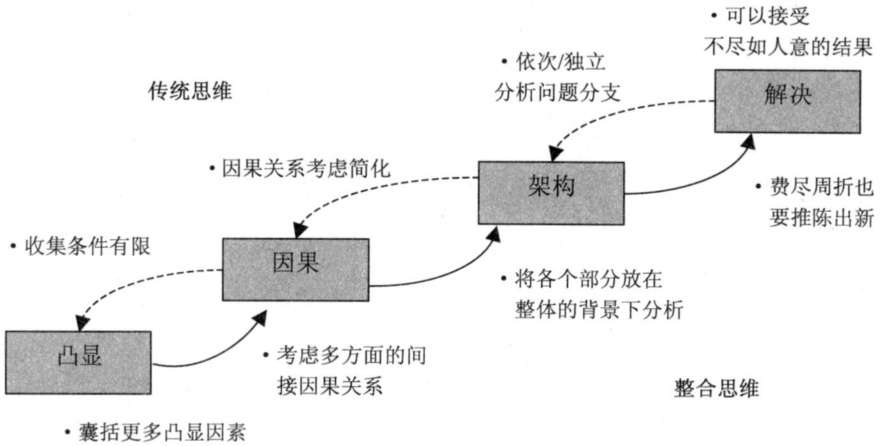

第三章　现实、阻力和解决方案——整合思维者如何给出开放式结论

现实也只是幻象，只不过持久顽固了些。

——阿尔伯特·爱因斯坦

(Albert Einstein)

既然整合思维如此绝妙，人们何不尽量运用思辨头脑？宝洁公司新风险投资负责人克雷格·怀涅特用比喻作答了问题，也一并揭了“出厂设置”的短。[1]类似汽车的点火正时、电脑的显示屏亮度，或者洗衣机转速，你的思维在出厂前就设置了特定模式和运转速度。出厂设置的数值很少有不作更改的情况，而很多人却懒得去更改——难怪所有的录像机都不约而同地闪着“12:00 a.m.”。而犹如点火正时、屏幕亮度和转速，思维设定也是可以更改的，只要你得法且勤。

思维出厂设置之一，认为脑中的现实镜像就是现实本身。这样的糅合先入为主，在思辨头脑的潜力还未发挥之前就将大门紧闭。看看大脑如何处理纷繁复杂包围在我们周围的信息，可对这一过程有所了解。

第三章

此世界，已过滤

整天都泡在海量信息中，不会被淹没的原因在于，我们生来具备裁剪和消化的能力，但这一过程是以舍弃或缺失大量信息为代价的——将飞沙走石扑面而来的大部分信息都过滤掉，再把其余的按照所谓合理顺序人为摆置成似乎能说得通的叙述模式。为了这一模式的前后呼应，我们并不能保证不会在编纂摆置的过程中将原本有价值的信息剔除。正如认知心理学教授乔丹·彼得森（Jordan Peterson）所说："这个房间里潜藏着无限信息；而你走进来处理加工信息时，实际上只看到那些直接对你有用的部分，你所不知道的东西，所未探及的领域，其实无处不在。"[2]

闭上双眼，想象你目前所在的房间。结果所能想到的并不是具有无限细节的房间现实状态，而是已经用思维的粗线条加工勾画出来的简化镜像模式。镜像是现实的反映，在原本的基础上添加了对现实的裁剪式理解。

过滤信息还出于保护大脑的考虑。丘脑是处理所接收到信息的脑部组织，一旦停止工作，"立刻会有大量感知信息脱缰涌入，"彼得森说，"绝对势不可当；此外，这大概也是人们患上精神分裂症的原因。有太多太多的东西挤进来，原本平衡的生理条件根本无法应对，致使探索系统崩溃，概念系统也支离破碎。麻烦可就来了。"

企业罗生门

将现实的简化镜像模式与纷繁复杂的现实本体混淆，也会令麻烦缠身。下面举一个例子，说明我们运用过滤信息的能力，本意是想更清楚地理解周围的世界，但却适得其反，引起混乱和冲突。

莎莉（Sally）和比尔（Bill）是一家公司的两位副总裁，公司我们就叫它“远见科技（VisionTech）”好了。和我们一样，莎莉和比尔处理信息时也要摆置叙述模式；和我们一样，他们也很容易错误地认为，自己脑中的叙述模式与客观世界的现实根本就是一回事。[3]

莎莉和比尔前去拜访公司的一位重要客户。谈话中客户提到：“我确实看好远见科技，很长一段时间它都能引领行业创新潮流。但由于面对成本开支逐渐增加的压力，所以我们不得不作出某些改变。”

这是原话录音，客观存在的现实，后由不在场的第三人转为文字。当我们无意识地将凸显信息从现实中抽离出来并组合为一个有头有尾的故事时，其实是思维的出厂设置在发挥作用。莎莉的注意力全部集中在客户谈话的前半部分（“我确实看好远见科技，很长一段时间它都能引领行业创新潮流。”），却将其余的一笔勾销（“但由于面对成本开支逐渐增加的压力，所以我们不得不作出某些改变。”）。她的记忆力没有问题，客户谈话的字句顺序和她记下来的完全一致，但因为后半部分并没有被划为凸显因素，也就随之失去了其在思维模式中的摆置地位。

现实和镜像模式从莎莉试图分析客户谈话中暗含的因果关系时便分道扬镳。按照她的理解，客户毫不含糊地肯定了远见科技的领先地位和创新精神。

什么概念被偷换了？“看好”远见科技变成了“肯定”远见科技的领先地位和创新精神。但“看好”和“肯定”截然不同。客户可以看好很多东西，但只为他们肯定的东西埋单——只占所看好东西的很小一部分。把“看好”变为“肯定”的同时，莎莉又添加了一个因果关系——客户会买领先地位的账——但这从未出现在客户的原话中。莎莉把这些经过处理的信息，即她所认为的事实，全部装入根据经验形成的叙述模式中。于是她下了结论：“远见科技的领先地位和创新精神得到了客户的肯定。”而这一结论紧接着指向惯常的派生：“如果我们坚持创新，保持领先，一定会留住这个客户。”最终，莎莉依据自己创造的模式，跟随着她所认为的客户意见，为远见科技出谋划策："创新精神和领先地位是公司必须追求的关键目标。"

莎莉的解决方案建立在思维架构而不是客观现实的基础上，她抽取了自己认为凸显的真实信息，又在此之上平添了层层因果关系，最后规划出远见科技该如何满足她所认为的客户核心价值（见图3—1）。

莎莉的叙述模式成此架构，缘自思维的出厂设置。但设置本身又没有一个固定标准——我们从来不会根据同样一组信息得出同样架构。莎莉的同事比尔听到了同样的客户谈话内容，领会到的却是完全不同的意思。他所认为的凸显信息时："但由于面对成本开支逐渐增加的压力，所以我们不得不作出某些改变。"

图3—1　莎莉的思维过程

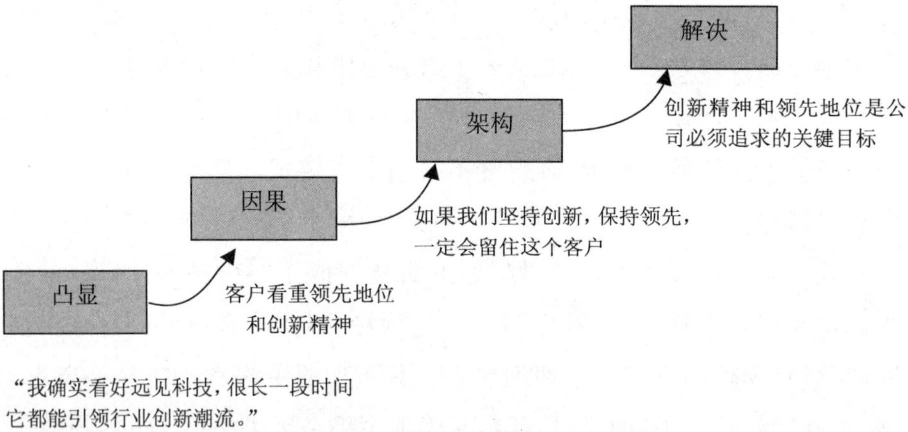

从另一半凸显的现实碎片出发，比尔的叙述模式完全选择了另一个方向。他认为客户会因为面临成本开支压力而作出某种对远见科技不利的改变。由此，比尔的前提是："客户感觉到强大的开支压力，"而得出以下结论："所以会因为我们定价太高而另作选择。"于是比尔也基于他所认为的客户意见，找到了最终的解决方案，提供了远见科技所必须采取的发展措施："必须控制成本，这样我们的产品才具有价格竞争力。"

比尔和莎莉的思维过程对比见图 3—2。

图 3—2　叙述模式和解决方案：莎莉 VS 比尔

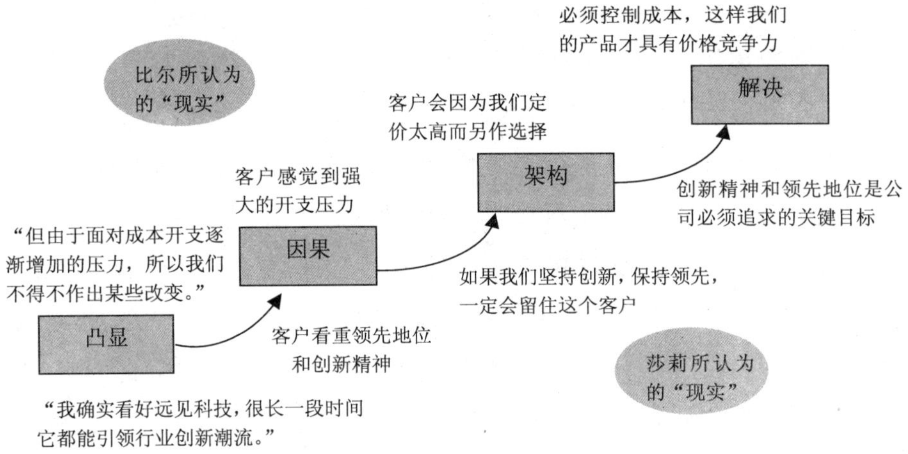

他们二人摆置的叙述模式如此歧异，但又似乎对等合理。都是通过处理客观信息而得，但最终的解决方案呈两极对立，这并不奇怪。无限可能的信息选择与思维自然而然的处理驱动力相结合，便产生了各种各样的、可能重叠也可能相互冲突的模式。

然而，莎莉并不认为她的架构是现实的镜像模式——而是现实本身。在见过客户之后的小型讨论会上她对我说："这就是行业现状。"同样，比尔也坚持他的观点才是"现实"。

返回远见科技总部的路上，莎莉和比尔开始讨论这次客户谈话。比尔说："如果不把成本降低，我们便会面临失去客户的危险。"

莎莉一头雾水。"比尔说的是这次谈话吗？"实在是纳闷。"还是他早有降低成本的方案，不顾客户意见，故意背道而驰？"她大声说："可是比尔，客户可指望我们在领先和创新方面大有作为呢。”

比尔几乎不敢相信自己的耳朵。“莎莉和我不是只拜访了这一个客户吗?”他琢磨着。“还是她想暗中推行另一个计划，以至于忽略客户，追求创新而不计成本代价? 而这正是客户所忌讳的啊!”

当对立转化为冲突

莎莉和比尔之间的沟通短路是糅合模式与现实的结果。他们都在严防死守自己构造的现实叙述模式，而坚决抵制与之发生碰撞的任何其他模式。麻省理工学院系统思考领域方面的专家约翰·斯特曼（John Sterman）说:“我们总是把所看到的，当做现实本身。”[4]

这一倾向使我们很难知道如何处理对立且看似不可调和的模式。我们的第一动机总是去区分哪一个能代表现实，哪一个是失真的、错误的，然后捍卫前者拒绝后者。但在拒绝所谓“失真”模式的同时，也错失了在思维持有两种对立模式的前提下所能实现的价值良机。在思辨头脑还没有派上用场找到有创意的解决方案之前，就过早而唐突地放弃了它。

我所采访过的整合思维者都能够主动调整思维的出厂设置，在现实本身和力图反映现实原貌的模式之间作出区分。和我们不同的是，他们不会立刻去选择站在哪一方。“不是选择这个或那个的问题，”斯特曼说。“任何的单一方面都是错的。关键看你如何把多方面观点结合起来，从而逐渐完善思维模式。”

下面看看卓越出众的领导者如何同时了解多方观点并仍能使思维良好运转。他们是——宝洁公司首席执行官雷富礼、红帽集团合作创始人鲍勃·扬，多伦多国际电影节改革的核心人物皮尔斯·翰德林。他们展示了将思维模式与现实本身区分开来的强大能力。书中的稍后部分会讨论如何使你改变出厂设置，探寻大师的思维轨迹。

雷富礼如何重掀宝洁创新浪潮

2000年雷富礼接任首席执行官一职时，宝洁公司在两个季度内已是第二次向华尔街发出无法达到利润目标的紧急信号。增长率放慢、利润率下滑，旗下许多知名品牌的市场份额也惨遭蚕食。六个月的时间内，宝洁股价跌幅近50%，商业媒体也公开质疑宝洁是否已经失去其长久以来在消费品市场的显赫地位。业界圣经《广告时代》（*Advertising Age*）首页头条令人印象深刻："宝洁是否还算宝？"[5]

尽管雷富礼在宝洁已有23年的供职经验，并且一直保持着精湛的创新纪录，但对这个奉行保守标准的公司来说，53岁当上首席执行官的他尚属年轻一辈。他主持开发的液体汰渍（Tide）、漂白汰渍和浓缩汰渍洗衣粉都在同类产品中抢到了先机——成为宝洁公司最为成功的旗舰产品链。作为宝洁亚洲事务负责人，他和团队成员一起将护肤品SKII由最初只在日本和香港地区销售的小范围产品塑造为全球知名的豪华品牌。其间，销售量增长了20倍。雷富礼可谓受命于危难之时，他的前任由于市场策略的重大失误和对公司企业文化的公然对抗而不得不提前下台，因此雷富礼接过帅印之时也免去了许多宝洁常规的烦琐步骤，被推挤着上位，就像被丢给了一块谁也啃不动的硬骨头。

他面临着哪怕是最有经验的首席执行官都备感头痛的挑战。宝洁所需要的不仅是创新模式和策略方面的改革。他的前任认为宝洁应当首先重视研发领域的发展，只有加大投资，才能够重新激发销售量增长，促进生产率的提高。在前任仅仅18个月的任期中，创新资金投入整整扩大了三倍。

理论听起来冠冕堂皇，实际中的效果却实在令人失望。创新项目中只有15%达到销售和利润的内部指标。理论的拥护者说："这是需要时间的。策略肯定会奏效，但需要再等上一两个季度吧。"

站在另一边的高管认为宝洁应当重视市场营销和品牌塑造，将研发方面的开支恢复到历史平均水平足矣。这就是宝洁一直以来的脾性，是雷富礼前任的决策失误才让它消化不良。

容不可容之事，调不可调之物

雷富礼接任首席执行官一职时，正处于在两种尖锐对立的策略模式中择一的压力下。双方都坚持自己的模式才是真正的现实——"事情的本来面目。"而雷富礼并不那么看。他把对立模式当做灵活假说，即它们仅供参考，而非一成不变的既定事实。这两种模式可同时提供理性和感性两方面的支持观点，从而使决策者更好地衡量模式优劣，不是过早地支持一方或否定另一方。

站在不偏不倚的角度，雷富礼能够看到，将研发投入恢复到历史平均水平根本无法达到宝洁预期的增长目标。市场已不是当初的市场，宝洁周围挤满了虎视眈眈的竞争者，无论是专业商场品牌和自主品牌都在觊觎它的市场份额。因此，宝洁必须正面看待产品创新和研发问题，必须使这一领域的投资高于以往水平。

雷富礼还看到，前任所推崇的策略致使创新投入激增，同样走向极端，适得其反。确实，一些新产品在计划书中体现了它们的诸多优势，但由于研发投资巨大，回报周期太长，公司根本无力支撑其间的空白阶段。

于是他决定潜心谋划出优于任何一个现存模式的解决方案，凑合折中在这里绝对行不通。像艺术家一样，雷富礼所心仪的作品必须达到某一特定标准，这一标准是让人皱眉托腮的次品根本无法满足的。

处于两难境地的他敢作敢当。与其浪费时间怨天尤人，还不如尽快从自己身上找问题。"我还是没有，"他自言自语，"找到一个令自己满意的创造性解决方案。不能推卸责任，归咎于周围环境，是我的思考还不够到位。"

雷富礼欲擒故纵，希望通过质疑宝洁其他高管的拍脑袋策略，用排除法找到出路。他并不相信，创新项目带来的价值一定与投入成正比的因果推理，同时寻找着比直接向宝洁产品研发实验室砸钱更巧妙的创新实现途径，并向其他公司虚心讨教，借鉴他人解决这一问题的优选方案。他发现，创新这玩意儿实际上居无定所，具有广泛分布的特点。个体发明家、学术机构和小公司得益于开发、测试和商业化新项目的灵活性，相对而言在这方面更具比较优势，而规模庞大、资源丰富的大公司的表现似乎远低于预期，但其在市场营销和销售渠道方面的能力则无人能敌。

正是因为没有死板地为“正确”的创新方案划出条条框框，雷富礼才能够拓宽思路，找到将小公司的发明潜力与宝洁庞大的资源网络相结合的纽带。他为宝洁设定了创新项目 50％从公司以外获得的目标，与各个领域的创新高手建立联系，然后通过挖掘自己强大的资源优势开发创新项目并使之商业化。雷富礼相信这一冠名为“联系与开发”的策略定会使宝洁在创新方面做到低投入、高产出。

解决方案一经推出，引起了宝洁研发团队的骚乱和恐慌。“科学家和博士不高兴的原因在于，他们认为我们会把项目外包，”他说，“他们还觉得宝洁会舍弃创新之路，而这原本是公司的活力源泉。我说不，恰恰相反，我们所做的正是要将研发实验室的生产率提高两至三倍，让更多的新想法现实化、商业化。”[6]

“联系与开发”策略的首批成果之一是电动牙刷（Spinbrush），它价位低廉，利用电池动力，带有旋转刷头；是宝洁在其商业化初始阶段从一家小公司购得的，当时的设计理念基于儿童旋转棒棒糖技术。宝洁将佳洁士（Crest）这一人见人爱的口腔护理品牌与之相结合，奔赴全国各大商场，所产生的效果势不可当。四年之内，宝洁利用小公司的创新动力作为支点，注入其强大的营销和销售优势，创造了价值 1.6 亿美元的产品链。[7]

面对成功，雷富礼并没有独享，而是首先给予规划执行“联系与开发”策略的高管——吉尔·克洛伊德（Gil Cloyd）、拉里·休斯顿（Larry Huston）和纳比勒·萨卡卜（Nabil Sakkab）——以嘉奖。[8]但退一步说，如果没有雷富礼将现实本身与其镜像模式剥离开来的思维方法、决不轻易妥协的高标准、以身作则的职业道德和敢于并善于推翻一切重新思考的胆识，他们的想法根本不可能付诸实践。雷富礼的领导风格先是为克洛伊德、休斯顿和萨卡卜创造了想多远就走多远的广阔空间，雷富礼随后凭借自己积累的威信和认同感帮助把理想变成了现实。整合思维看似与英雄式的领导风格无关，但却是成就出色领导的必备因素。

红帽一盖，免费软件变滚滚财源

令整个科技领域都叹为观止的成功案例，莫过于开放源代码操作系统的代表 Linux 对称雄一时的微软所造成的威胁。推行“开放式源代码”软件理论的麻省理工学院教授理查德·斯托曼（Richard Stallman）和开发 Linux 系统基础代码的芬兰工程师莱纳斯·托沃兹（Linus Torvalds）无疑是故事中的核心人物，而另一位占据重要位置的便是红帽集团合作创始人鲍勃·扬，Linux 系统最主要的经销商。他的创造性解决方案使红帽和 Linux 系统突出策略矛盾的重围，在市场上开辟出利润和实力并存的独特道路。

鲍勃·扬出类拔萃，即便是在这样一个精英辈出的尖端行业。他看上去身体单薄，头发稀少，经常穿着红色运动袜，头戴一顶红帽子，却把所有狂热和希冀都献给了所崇拜的事业。他坚称自己并不属于业内“才子”，但所做的一切却给整个行业带来了深远的影响。[9]

想知道故事的原委，还得从头说起。20 世纪 80 年代，理查德·斯托曼的理论一炮打响，紧接着兴起了基于 UNIX 系统开发软件的新运动，UNIX 是 20 世纪 70 年代由 AT&T 公司贝尔实验室发明的操作系统，任何人经索取都可以免费获得其拷贝。

成千上万的程序员和电脑爱好者都免费获得了 UNIX 系统，托沃兹也是其中的一个。1991 年，他在 UNIX 用户论坛上发表了一则消息，内容大致是，他在 UNIX 核心程序的基础上开发了一个新的操作系统，让大家多多指教。此后不久，就接到了许多改进托沃兹所设计程序（后来命名为 Linux）的中肯意见。于是，托沃兹和几个同事组建了一个松散联系的委员会，打算将改进建议整理收集并优化组合到主程序中。

到 1993 年，Linux 系统已经达到一定的成熟度，演化为可以处理高负荷企业应用方案的操作系统。然而它并没有得到企业的青睐，因为市场鱼龙混杂，网络上还泛滥着许多无版权软件，扰乱了正常的竞争秩序。诸如 Yggdrasil 和 Slackware Linux 这类企业都力图为规范市场作出自己的贡献，向感兴趣的买家出售自己的 Linux 系统版本。鲍勃·扬也通过经营一家名为 ACC 的公司开始发行其“免费软件”。

字面上看来多少有些误导，其实 Linux 系统仅仅是价格便宜而已。购买者还是需要为软件支付一小笔的光盘费用，无论是从开发商 Yggdrasil 或 Slackware 手中直接购买还是通过分销商 ACC 购买均是如此。但与传统软件公司（例如微软）不同的是，Linux 出售方不会向系统安装用户索取注册费，即可以无限次地在任何电脑上安装而无需任何附加费用。

通过 ACC 销售 Linux 系统版本的公司中有一家名为红帽 Linux 的运营商。鲍勃·扬对这一公司的产品印象极为深刻，后来将自己的公司与之合并，成为红帽软件的首席执行官，并将公司经营重点由分销不同风格的 Linux 系统转变为直销红帽 Linux 产品。

拥有了销售方面的经验，鲍勃·扬了解到 Linux 软件的市场虽小，但发展速度非常迅猛。除非尽快找到新的商业模式，否则必将遭遇瓶颈。

他看到，现有的两种主流商业模式其实都存在极大缺陷。一方面，是大玩家微软和甲骨文采用的典型私有软件模式，他们只向用户销售操作软件，并不开放源代码，所有的改进升级和修改的权力都把握在软件制造商手中，就像他常说的那样："购买私有软件就像挑了一台焊死引擎盖的汽车，如果出了什么问题，你自己根本拿它没办法。"

私有软件产品的定价甚高——例如，当时 Windows 95 的发行价是 209 美元一套，毛利润已超过 90%。马已经够贵了，鞍也一点不便宜——若想跟上软件前进步伐，还必须时不时掏钱购买那些升级程序包。

鲍勃·扬对于这种生意方式很是不满。"如果你遇到某个程序漏洞导致的系统崩溃，"他说，"你会致电产品公司，'我的系统崩溃了。'然后他说，'哦，天那，怎么会这样。'实际上他的意思是，'哦，太好了。'于是派一名每小时收费几百美元的工程师上门维修那个原来就是破烂货的软件，还要美其名曰售后服务。"免费软件模式一方的 Slackware、Yggdrasil 和红帽绝不会做出这种事。

但他也并不觉得两种模式中的哪种会更胜一筹。私有模式在软件开发和进步方面束缚了脚步，但"免费软件"也是问题重重。"销售 Linux 操作系统根本没法挣钱，"鲍勃·扬说，"因为它是免费推出的，一旦开始收费，就会不断有人挤进来压低市场价格，导致恶性竞争。"

如果红帽不愿只是简单地做低利润分销商，就应该在代码改进以外的领域去寻找 Linux 增值途径。这便意味着找到其他程序员和分销商所忽略的 Linux 凸显特征。

鲍勃·扬有幸在公司购买习惯中发现了凸显因素。因为大公司预期自己的经营寿命至少要达到十年或二十年，所以在采购方面就要选择行业头号产品。"如果美林公司（Merrill Lynch）要为他们的 Linux 系统选择软件支持，"他说，"他们不会绕开第一去选排名第二的开发商，要选就选最好的。"

根据这一发现，鲍勃·扬继续将思路深入到销售水平和可持续性之间的因果关系中。“如果我们的品牌屈居第二，所做的一切便毫无意义。既然选择销售免费软件，如果想在市场上占些分量，必须力争成为第一。”

那么，红帽又是如何成为企业用户眼中 Linux 系统的不二之选的呢？秘诀恰恰就是在 Linux 产生并发展的无序状态中施加某种规范和控制力。用鲍勃·扬自己的话说就是：

> 典型的 Linux 操作系统，无论是红帽或 Slackware，都是经 800 到 1,000 个左右不同的程序包编写在一起组合而成的。这些程序包分别由不同的制作小组进行维护，平均每年升级一至两次。假设你可以接受，升级频率为一年一次，分摊到每天也需要完成三个升级。作为美林公司的 Linux 系统管理员，你必须时刻跟踪这些升级程序，确保它们配置到所有服务器上。
>
> 如果选择微软操作系统，可以省不少事。他们每六个月会为你送来一个新版本，还教你如何安装。于是你的新软件可以配置得便捷、安全，一切尽在掌握。
>
> 可以看到，谨慎的企业用户并不乐意使用 Linux 操作系统。虽然价格低廉，但为了系统维护还需要支付管理员一大笔费用，到头来还是不省钱。

如果要省钱——还要比 Windows 系统更稳定可靠——就得想办法控制没完没了的升级。红帽干脆连这项管理任务一同包揽，终使客户趋之若鹜。

这一令鲍勃·扬较为满意的解决方案，结合了两种相互竞争商业模式中的优势条件，创造出最新的改良品种，但制约其发展的因素仍然存在，并且不容忽视。除非红帽成为 Linux 竞技场上当之无愧的老大，企业用户才会关注并购买它的产品。

必须让红帽扣在全美所有的硬盘上。为了做到这一点，编程团队专门改写了红帽 Linux 版本，使之更加适合通过互联网传播从而取代 CD-ROM 媒介。鲍勃·扬告诉他的团队，“我们要把它复制到全世界网络中所能找到的每一个 FTP（文件传输协议）服务器上，让所有人都可以免费下载。”

他的目标是，比任何竞争对手都“更加高效地传播 Linux 系统”。这可是冒险的举动。红帽以牺牲所有可以经原有渠道发行而获得的潜在产品销售利润为代价，换得红帽 Linux 版本成为行业市场参照标准的独一无二地位。而这一搏，确实使红帽产品取得了企业客户眼中的唯一黄金位置。

1999 年，红帽公司上市，鲍勃·扬在交易第一天转瞬成为亿万富翁。到 2000 年，Linux 在服务器操作系统市场的占有率达到 25%，红帽产品则在全球 Linux 系统市场的占有率达到 50%，并且不像网络时代疯狂兴起的那些毫无主见的杂牌军，红帽此时已经站稳脚跟，找到了一条适于自己继续发展的全新道路。

是什么促使红帽的创造性解决方案成为可能？鲍勃·扬顺着整合思维的轨迹处理每一个看似不起眼的选择分支，认识到私有软件和免费软件的经营模式并非现实本身，只是应对软件行业博弈的权宜之计而已。其次，为自己设定目标，找不到优于现有模式的改良品种决不罢休。第三，身先士卒、不依赖别人的一鼓作气让他抢占先机。第四，将不够满意的“准方案”看做重新思考的契机和起点。这样一来，终于发现了针对企业用户的凸显因素，挖掘出成为行业首选才能继续发展的生存之道。鲍勃·扬与夏普和雷富礼的思维方式呈现出很多共通之处，不禁让人感叹英雄所见略同。

被关注填满的多伦多

皮尔斯·翰德林天生就是做电影节主席的料。从很年轻时就在电影圈打拼的他，一旦进入便无法自拔。每逢节日盛宴，比起和明星攀谈交际，他似乎更愿意多看上几部哪怕晦涩难懂的参展电影。他不仅是一个彻头彻尾的电影迷，还是电影业不可多得的忠实学徒。

1982年翰德林加入多伦多国际电影节组织团队时，他们的事业完全是在蹒跚学步。[10]这一始创于1976年的电影节当时根本谈不上所谓“国际”，而且在本国的声望也只能步蒙特利尔世界电影节（Montreal World Film Festival）之后尘。

翰德林曾担任影展节目总监、艺术总监，后于1994年接任主席一职，此时多伦多国际电影节最多可列入二流。决策团希望多伦多电影节也能像威尼斯、纽约、柏林和戛纳等头牌电影节一样好评如潮。能使电影人感到最大鼓励和欣慰的莫过于评委会所设置的各个奖项，戛纳电影节有蜚声世界的金棕榈奖——多伦多国际电影节又如何独树一帜？

以专业评委会意见为主是电影节奖项评选的两种模式之一。由圈内杰出人士组成的影展评委会——包括导演、制片人、演员等——共同行使决定并颁发奖项的权利，优秀影片也因此获得广泛关注和可观票房[例如导演迈克尔·摩尔（Michael Moore）的纪录片《华氏9·11》（*Fahrenheit 9/11*）所获得的金棕榈奖对于其惊人票房至关重要]。能成为评委会宠儿，也就意味着成为镁光灯焦点和票房聚宝盆。

但评委会毕竟高高在上，无形中造成了观众和影展之间莫名的距离感。翰德林认为，由业界名人组成的评委会必定让买票前来观展的电影爱好者感觉只是花钱捧场。

相反，不设置专业评委会的电影节确实放下了架子，能够给予观众十分强烈的归属感。但如果没有奖项，一场影展和它的电影也就失去了被关注、被讨论的意义，而这恰恰是多伦多电影节组委会绝对在乎的事情。

和夏普、雷富礼、鲍勃·扬一样，翰德林也遇到了两项还不够完美的选择。他眼中的凸显是多伦多影展良好的大众气氛。“这一影展的创建初衷就是要包罗万象、朴实无华、让观众而不是专家做主。”但他也同样重视电影制片方和发行商的需求，制片方希望电影获得广泛关注，从而吊起发行商的胃口；发行商则紧盯影展信号，选择能够打开市场的热门影片。

维持等式平衡的关键其实就是关注度。影展需要观众的关注，制片方需要电影获得足够关注以确保票房，发行商则需要通过关注度来衡量影片的选择。

关注度可依此顺序产生良性循环。如果影展获得关注，就会有更多的影星抛头露面。他们的出现令媒体乐此不疲，就会引来更多的观众、制片人和发行商。影展中本没有不受关注的奖项，只有遭到冷遇的专家优越感。

翰德林领会了这些复杂的因果关系，并勾画出牵搭因素彼此之间的绳结。理清思路的过程中，创造性解决方案也开始浮出水面。多伦多国际电影节若想发展，需要的就是能够聚集关注度的领军奖项，不但要取悦观众、同飨电影爱好者，还能征服影界精英，令专家赞不绝口。

解决方案呼之欲出。尽管多伦多国际电影节没有设置专业评委会，自 1978 年以来，还是在颁发它的最受欢迎影片奖，而这个名为“观众选择奖”(People's Choice Award) 的奖项却始终没有获得媒体、影展观众和管理层的足够重视。翰德林悟到，如果辅以适当的宣传手段，“观众选择奖”这一奖项定会收获最为广泛的关注度，因为其性质本身就是植根于大众，将一件传统意义上的名流盛事转变为属于每位电影爱好者的悉心珍藏。

让观众做评委享有话语权，电影节其实触发了它的客户尽可能去欣赏多部影片的动机；挑起了媒体类似于观看赛马的赌性和好奇，报道频率直线上升；奖项的颁发会为发行商透露电影预期的商业价值；而电影导演或许会看重来自同行评价的专业评委会奖项，但若能获得影迷的肯定和青睐，心里一定感到特别踏实。

观众选择奖最终把多伦多国际电影节推上了大雅之堂。1999 年，美国最具影响力的影评家罗杰·埃伯特（Roger Ebert）对记者说："虽然戛纳声势浩大，但多伦多更实际、更重要。"[11] 2005 年，多伦多国际电影节创造了电影节历史上最大的销售量，影评家利亚姆·莱西（Liam Lacey）称其为"世界上最重要的电影节——最大、最具影响力、最包罗万象"。[12]

2005 年《好莱坞记者报》（*Hollywood Reporter*）评论，"多伦多国际电影节越来越成为电影人首要关注的火箭发射台，他们紧盯着它，看自己的得意之作是否能够一飞冲天。"[13] 历年荣获观众选择奖的影片都有骄人的表现：《闪亮的风采》（*Shine*）为 1996 年奥斯卡获奖影片；《美丽人生》（*Life is Beautiful*）于 1998 年荣获奥斯卡三项大奖；《美国丽人》（*American Beauty*）1999 年荣获奥斯卡五项大奖；《卧虎藏龙》（*Crouching Tiger, Hidden Dragon*）2000 年荣获奥斯卡四项大奖；《鲸骑士》（*Whale Rider*）2002 年获奥斯卡最佳女主角提名；《卢旺达饭店》（*Hotel Rwanda*）2004 年获三项奥斯卡奖提名，2005 年成为奥斯卡获奖影片。

成也萧何，败也萧何。一个公允的观众选择奖，曾经名不见经传，如今经过整合思维的典型改造，被确定为多伦多影展的象征和魅力之源。翰德林没有将现象与本质相混淆，他认为决策必须先过自己这一关，出路必须依靠自己找到，每当此路不通，便会从头再来，决不停顿将就。于是他创造了巩固多伦多影展国际地位的关键之举，满足了观众的喜好，也兼顾了电影的商业和艺术需求。

道路寻常，成果非凡

将不尽如人意的选择锻造为创造性解决方案，雷富礼、鲍勃·扬和翰德林都历经了许多整合思维者所熟悉的思考方式，首先将镜像模式同现实本身区分开来，然后分析和检查各个模式而并不轻易将其否定。只有完成这一关键步骤才能找到对立模式之间的契合点，从而收集各种线索，为改良方案作好铺垫。

新的开支计划使雷富礼注意到宝洁只有提高创新水平才能进一步发展的必要性，而旧的方案则指明宝洁所能够承担的投资规模。鲍勃·扬的案例中，免费软件模式让他理解了扩大发行量的意义所在，私有软件模式则让他看到服务质量赢得利润的潜力。以专业评委会意见为主的电影节组织方式说明了影展有奖可颁的重要性，而不设专业评委会的电影节又提醒翰德林观众归属感不容忽视。

和其他整合思维者一样，雷富礼、鲍勃·扬和翰德林都拒绝中庸，不屑将就。不尽如人意的选择，哪怕是当时仅有的选择，对于他们的全部意义也不过是策略还不到位的指示标。如果现存方案无法达到他们所设定的标准，必须继续改进方案，因为标准不容降低。

和其他整合思维者一样，雷富礼、鲍勃·扬和翰德林都将责任归因于自己。面临种种未完成、准优选方案，他们不会怨天尤人，而是告诉自己，之所以还未找到完美方案，是思考问题不够深刻、不够全面、不够别出心裁。他们从不够满意的选择中所汲取的信息不是“马上作出选择”而是“再好好考虑一下”。对问题全盘思考的同时顾及各个分支，形成最佳创造性解决方案，解决最初的非此即彼难题。

一定要从现存选择中谋求创新是成功管理者思维的最突出共同点。我在采访中继续追问，当周围所有人都建议从现成方案中选择一个即可，是什么使得他们孤注一掷，继续向前？得到的是几乎一致的回答：“我并不是那种将就糊弄的人。”如同雷富礼所说，“如果总是‘要不然’，我们根本不会取胜。所有人都能轻松地说‘要不然’，都可以退而求其次。如果总是将就着选择，你就总是不能成功。”[14]

第四章　在复杂中漫步轻舞——拒绝简单，架构方案

一切都应该尽量简单，但不是为了简单而简单。

——阿尔伯特·爱因斯坦

玛莎·格雷厄姆（1894—1991，享年96岁）是世人公认的现代舞皇后，终身成就为她赢得总统自由勋章（Presidential Medal of Freedom），并被《时代》（*Time*）杂志评为"20世纪美国100位最具影响力人物"之一。[1]她也是本世纪最有天赋的整合思维者，其思维方式对周围乃至后世都产生了深远的影响——决策者面临商业困境需要形成创造性解决方案时或许可以借鉴她的方法。

1916年从加利福尼亚州卡姆诺奇大学（University of Cumnoch）戏剧舞蹈专业毕业后，玛莎·格雷厄姆进入洛杉矶肖恩舞团及舞蹈学校（The Denishawn School）正式学习舞蹈。[2]那是一个艺术蓬勃发展的时代，舞蹈，同绘画和文学一样，正在努力摆脱19世纪沉重的传统束缚。一群嗅觉敏锐、特立独行的艺术家创造了一种后来被称为现代主义的风格。格雷厄姆也投身现代舞运动中，20世纪20年代早期便成为这一领域的重要人物之一。1926年纽约的首次演出奠定了她在现代舞蹈中的

地位,并发展出强调收放自如又不失优美、流畅的古典芭蕾动作线条的舞蹈技法,收主要是利用腹部收缩的力量,放则强调更为有力的伸展。

格雷厄姆的艺术现在已经得到了充分的实现,但当时的舞蹈界毕竟还停留在古老的19世纪。舞蹈大多都是附属于音乐,音乐不会专门为舞蹈而创作——根本就没有舞曲。舞者身穿传统束身芭蕾衣或者民族服装,与舞蹈内容的联系少之又少。舞台布置常为单薄空洞的二维"平板式"——千篇一律的背景无法起到衬托舞者和美化舞蹈的作用。

玛莎·格雷厄姆改变了这一切。与在肖恩舞团及舞蹈学校结识的作曲家路易斯·赫斯特(Lewis Horst)紧密配合,她创作出与舞蹈浑然一体的音乐,并在此后的艺术生涯中不断探索。1944年她的杰作《阿巴拉契亚之春》(*Appalachian Spring*)是与天才作曲家阿伦·科普兰(Aaron Copland)合作的产物,实现了音乐与舞蹈的有力结合。

格雷厄姆在舞台服装设计方面也有很高的造诣。她用直筒平整的长衬衫和紧身裤取代了芭蕾衣和民族服装,舞台设计打破旧有的模式,融入了雕塑及其他三维元素。在与著名雕塑家野口勇(Isamu Noguchi,美籍日本人)长期而多产的合作中,诞生了诸如《边疆》(*Frontier*)和《阿巴拉契亚之春》等拥有革命性舞台设计风格的伟大作品。在她的作品中,舞者能够与舞台环境产生互动交流,舞台环境通常起到烘托作用,这开创了舞蹈表演艺术的先河。

对格雷厄姆来说,作曲、编舞、服装和布景都是构成整体彼此依赖、彼此影响的因素。在诀别传统舞蹈风格的同时,她在创作过程中既要顾全大局,也要逐一攻破,而不是将各部分因素的改进任务分别甩给其他人。于是,她成功地为舞蹈艺术改头换面。

简单化的惰性

理论上来讲,企业及其领导者在策划产品和服务方案时完全可以采取类似的整体思路贯彻始终。然而他们为什么没有这么做？罪魁祸首就是当代企业组织的偏倚简单化和专业化的"出厂设置"。

掉入怪圈的不仅仅是企业组织。在各个领域，人们都受制于简单化和专业化的影响。斯坦福大学管理学理论家吉姆·马奇认为，我们之所以这样做是因为生活在一个偌大的复杂而含糊的世界，到处都充满了因果矛盾。平均每个月将价格降低 5%，看到销售量增长了 7%；因此下季度末，再将价格降低 5%，却怎么也尝不到销售量增长的甜头，究其原因才发现是对手的购买赠礼活动吞掉了预期的销售增量。我们对这一系列不可理解的现象作出的反应便是简单化和专业化。马奇在与同事丹尼尔·莱文萨尔（Daniel Levinthal）合写的一篇文章中指出，"企业通过区域分解和子区域自治的方法稀释令人混淆、彼此影响的周围环境。"[3]

这样做的过程中，我们其实是在以牺牲某些东西为代价，却还要利用著名的 80—20 法则解释牺牲的合理化。根据这一法则，80%的收获，来自于 20%的付出，80%的结果，归结于 20%的原因；运用于认知领域，即 80%的完美答案，来源于 20%的思考努力；进一步的推论是，只有过度甚至病态的完美主义者才会继续投入 80%的精力去思考一个最多能优化 20%的答案。

80—20 法则隐含的另一层意思是，简单化并不是复杂因果矛盾的最佳解决办法，而只是一种应对措施。我们点头认可"80%"是为了避免被复杂压得透不过气而完全丧失运转功能。当同事或上级劝我们"不要把事情复杂化，"那不仅是怪怨任务怎么还没完成的不耐烦提醒，也是将复杂程度控制在可接受范围内的借口。

简单化固然是难以克服的惰性，却恰恰腐蚀了整合思维过程的每一步骤。它让我们不断排除凸显因素，而不是从广义角度思考问题，于是必然导致解决方案仍欠火候。如果像大多数对手那样受控于简单化惰性，夏普终将不能推出与众不同的四季酒店。他根本不会费力气去询问那些商旅人士，那么也就无法获得宾至如归的关键信息。这样的询问对于划分专业领域的企业来说，需要提取的信息太复杂，简直就是事倍功半；但夏普独钟情于复杂，因为他明白，至少是感觉到，受控于简单化、听命于80—20法则，只会得到常规的结论。真正的创造性解决方案，源于复杂。

简单化惰性使我们偏好单方向的直接因果关系，即便现实本身是由复杂的多方向因果关系构成。简单化思维根本无法让翰德林找到电影节奖项与观众归属感之间的联系，因为那绝非一目了然。

简单化惰性还会使我们架构反映力非常有限的镜像模式，不管现实有多么复杂。面临的选择也少之又少，大众家常，结果还是在原地兜圈子。简单化思维别无他选，只有将就妥协，也就是所谓没有办法的办法。

专业化的尴尬

专业化是简单化的另一种形式。如果说简单化思维是通过将事实变得浅显和表面来达到易于理解的目的，那么专业化就是通过从整体中抽取部分进行专门分析来达到保证深度和透彻度的目的。

和简单化一样，专业化也能让我们从复杂所带来的压力中解脱出来。拿医学来说，无疑如同一片广袤的海洋，而我们通过人为细分各个专业的办法来对付它，包括正式专科，例如妇产科，和附属专科，例如儿科。附属专科医生通常在掌握自身专业领域知识前提下，对于专业领域以外的医学知识只有粗浅的概括性了解，而且所投入的兴趣和责任也大打折扣。

能想象到的最好情况是，将各个正式专科和附属专科的涵盖知识相结合，让全科医生为病人提供服务；但更为频繁出现的最坏情况是，划分科室的医疗办法只关心身体某个单独的病患部分，而忽略了病人身体的有机整体性。回想一下上次去医院的情景吧，为了确诊你看了好几个科的医生，但他们并未多花时间与其他医生交流有关你的病情；很有可能你从（比如说）心脏、膝盖到鼻窦都做了极为细致的检查，但没人想到把你当作一个整体对待；结果你很不满意，甚至满腹牢骚！目前，传统医疗这种不够人性化的诊疗方式已经引发了全行业的变革。

商界也有类似的专业划分，同样给人"鸡肋"的感觉。按照功能领域的不同划分为财政金融、市场营销、生产制造、销售经营、人力资源等，各个部分都有其公认既定的凸显因素、因果关系、培训方式、内部语言和独特文化。

和医学一样，商界的领域划分为从业者积累深厚的专业知识创造了条件。花费一定的时间和精力，经理人确实能够成为金融、营销或会计行家，但这与整个行业的发展规律相背离。著名管理思想家彼得·德鲁克谈到，"企业准备雇佣新毕业的工商管理硕士，其实是想让他们从事专业工作，而且在最开始的五年、八年、十年里，所做的工作都是基于某个专业。在大多数企业中，如果他们对其专业以外的任何事物感兴趣，会让人觉得十分反感，被认为是急功近利、游手好闲或者自不量力的表现。"[4]然而专业行家并不是解决企业难题的最佳人选，因为德鲁克还说，"没有财务决策、税务决策，或者营销决策；有且只有商业决策。"

功能领域划分是整合思维的天敌，因为它会暗中破坏思维架构——即着手处理各个部分的同时还要保持问题的整体性。领域划分主张同一问题各个部分的依次或平行解决，结果是相对某一功能领域的优选方案凌驾于整体优选方案之上。

例如在设计一款新产品时，研发部门给出了企划方案和系列说明，便将之"抛出墙外"——很形象地说明了大多数复杂企业内部的领域割据状态——甩给生产部门，接着继续抛，甩给营销部门，然后是销售部门，以此类推，击鼓传花。传递链中的每一分支部门都习惯而无奈地接受前者仅此而已的建议，因此如果研发专家在设计时没有考虑产品的可制造性,那么生产部门只能尽力而为去响应设计思想,接下来的步骤也不例外,产品优势很可能就这样在传递过程中无端流失。

采取平行解决方案的项目经理会让各分支部门同时提出针对一个问题的看法。同样,由于专业程度的限制,各个部门都因缺乏整体考量而忽略其他部门的凸显因素乃至因果关系。

果然不出所料,各部门完成工作后将体现个性的结果回馈给项目经理,而没有一个能够涵盖企业整体特征。项目经理不得不从中挑选某个部门的建议作为基础继续发展,或者试着根据各部门的看法拼凑出"四不像"。最终的产品如同命运多舛的庞蒂克(Pontiac)Aztec 运动型多用途汽车(SUV),本认为结合了设计师、经销商和用户的最佳建议,但因为缺乏整合思维将它们优化组合为统一整体,Aztec 看起来只能是糟蹋了所有好想法的大杂烩,只能在一片倒彩声中退出市场。

无论依次还是平行解决同一问题的各个部分,都会破坏整合思维的内部架构,也就无法在处理各个部分的同时保持问题的整体性。那么为什么我们还要奉行简单化和专业化,即使是在清楚它们所产生的效果并不到位的前提之下?原因在于,如果将世界分割为小块,处理起来能够容易些,吉姆·马奇的学生希拉里·奥斯汀·约翰逊这样解释:"一旦整合,事情就会变得复杂,难于处理,失去条理。你越多穿行于事态之间,就越需要掌握牢固全面的知识。"[5]

在等待处理的复杂事态面前,脑子总是不够用,而简单化和专业化如同两条快速通道,允许思维者从混乱中逃离出来。但身经百战的整合思维者能够在混乱和复杂之间划清界限。塔塔信息技术有限公司的创立者、印度软件行业之父 F. C. 柯里曾这样给面临复杂问题的人们以鼓励:

> 任何情况都有不止一种途径去化解,如果采取系统思维,即便问题再复杂,只要分清主次枝干,并明确其间的相互关系,

你就能找到出口，摆脱迷局。复杂态势——如果你掌握了逻辑和系统结构——我并不认为它有那么糟糕。[6]

复杂并不可怕，如果不让惊恐的心理先入为主，而是沉住气，寻找结点，理清联系，总结因果关系，那么我们处理复杂态势的潜力，柯里认为，远比想象中高超。

团队合作能够为培育整合思维的土壤提供支持，即不去破坏事态原本的复杂性。玛莎·格雷厄姆与科普兰和野口勇等艺术巨匠合作，是因为她欣赏并需要他们的专业意见，这使她打破传统概念中舞蹈特征的限制，加深了对表演各要素之间潜在因果关系的理解。与合作者的频繁沟通使她在处理单独要素的同时不忘舞蹈整体背景。在创造了这样的思维环境之后，哪怕不能百分百确保完美方案的得出，成功的几率也大大增加。

和格雷厄姆一样，我所采访过的整合思维者都深知借助外力形成创造性解决方案的有用性，清楚选好合作者有利于保持整合思维。享誉国际的加拿大设计师布鲁斯·毛经常与建筑大师弗兰克·盖瑞（Frank Gehry）交流合作。他告诉我说："只身成为多才多艺的人太难了，需要学的东西范围太广，程度太深，但你完全可以组建多才多艺的团队。"[7]整合思维者依靠他们的"多才多艺团队"拓宽凸显因素选择范围、保持因果关系划分的精细度，并创造更为全面的思维架构。

设计一趟行程，而不是一节车厢

说说全球最具创新力企业之 IDEO。其特别之处在于，首席执行官蒂姆·布朗和他的团队意识到，产品和服务的使用者判断优劣的标准并不只看重理性方面的功能表现，还包括情绪感性方面的满意程度。比如厨房刀具带给使用者的感觉和风格其实与它砍削的锋利程度同样重要。他的竞争对手后来也认识到这一点，但 IDEO 已经遥遥领先，经验十足。

追求情感设计、心灵设计，而不只是工艺设计。[8]

布朗向 IDEO 的设计师和客户都讲明，不要过度简单化、过度专业化，如果过分强调设计中的某些元素，就难免走入死胡同，而偏离客户的整体需求。

这一原则在几年之后得以应用。当时美国 Amtrak 全国铁路公司预期推出波士顿至华盛顿的城际高速列车服务，特请 IDEO 设计列车车厢的内部装修，要求是在审美和功能性方面都要更胜一筹。

布朗本可以只做好分内之事，稍稍动一动脑筋就能让那个笨重的大家伙改头换面，但对于一位整合思维者来说，拒绝简单化和专业化的惯性驱使他提醒只注重车厢内部设计的 Amtrak，说他们实际上忽略了一个更大的问题。旅客选择飞机而不是 Amtrak 火车，不是讨厌它的车厢，而是干脆反感整个旅程安排。他们不喜欢它的订票方式，不喜欢在它的站台上等候，也不喜欢它的登录程序。已经有了这样糟糕的印象，哪怕车厢用丝绸和黄金来装饰，也都只是表面工夫白费力气。

布朗一边劝告 Amtrak 重新考虑设计问题，一边让设计师展开对典型列车旅程的分析。他们确定了十个环节：了解、计划、开始、进站、购票、等候、上车、乘坐、到达和继续（下一次旅行）。车厢内部设计仅仅与旅客经历十步中的一步有关：乘坐。

布朗把为 Amtrak 公司及其他客户所做的工作描述为“考虑事情全部环节，而无论事情大小”的“一个综合过程”。以 Amtrak 公司为例，“事情全部环节”涉及对旅客经历从头至尾的循环思考——恰恰吻合整体架构的定义。于是不但重新设计了 Acela 高速列车车厢，还有火车站、互动信息亭、办事处，乃至 Acela 这个品牌，该品牌的市场定位是提供全面优于乘飞机旅行的列车服务。

Acela 的成功是放弃简单化和专业化捷径而顾全大局的典型代表。下面我们来看看另一位整合思维者是如何统筹兼顾而滴水不漏的。

摩西·兹纳梅：踏稳立足点，征服全世界

从20世纪50年代中期用打工辛苦钱换得一台电视机开始，活力十足的小个子摩西·兹纳梅（Moses Znaimer）的命运和呼吸就同这个神奇的电盒子联系在了一起。1972年，兹纳梅与他人合作创立了多伦多Citytv独立电视台，与加拿大国家CBC电视台和CTV私营电视台两大主力网络及美国三大电视台CBS、NBC和ABC展开角逐。[9]

面对强手如云，兹纳梅那个小精灵似的电视台也不是等闲之辈，凭借不可或缺的优势别具一格。主流电视台咬文嚼字、矫揉造作、空洞乏味，Citytv却自由轻松、即兴发挥、特立独行。无论是新闻主播还是欧美剧集的选择，都别具匠心，深夜放映的影片尺度之大胆也是对手所不能及。

但兹纳梅不仅仅满足于站稳脚跟。20世纪80年代早期，竞争环境开始发生变化，需要作出应对抉择。一方面，广播媒体国际化趋势加强，CNN和MTV电视台成为领跑者，品牌和策略都已站在国际化的角度，其他地区媒体巨头，例如欧洲BSkyB卫星电视和鲁珀特·默多克（Rupert Murdoch）覆盖亚洲的新闻集团（News Corporation）也紧随其后，全面跟进。兹纳梅认为，这些国际大玩家所能够利用的资源广泛度是坐井观天的地方小卒根本无法匹敌的。

另一方面，他发现观众仍然喜爱本地电视台，因为它们同社区生活联系的紧密程度是国际化频道、有线频道和超级电视台所无法比拟的。广告商也力争吸引本地观众，他们持续不断的投入也给了当地电视台稳固的经济支持，即使是在国际电视台大鳄兵临城下的环境之中。

兹纳梅面临的抉择已经黑白分明：是守在本地还是攻向国际。若守，Citytv会在电视业国际化的过程中遭遇被吞没的危险，这种情况已在其他行业时有发生，从零售业、包装消费品业到电影业，都能看到有着

国际块头的大汉正将本地英雄个个击败。

若攻，完全的国际化策略仍然是美中不足，譬如意味着承担巨大的金融风险。Citytv 需要筹集大笔贷款，注资昂贵的并购，而同时又没有必然赢利的保证；还需要掌握管理之道，精明地洽谈合作联盟，扩大规模而不失增长速度。就算每一环节都能一帆风顺，也很难超越那些十年前或者更早就已经蓄势待发的国际化“前辈”。

他原本可以承认国际化道路并不适合走下去，而作出最省事的选择，继续舒舒服服地当这个本地“山大王”，最终可能会被国际玩家吞并，但至少在一切结束以前还可以从容坦然。这或许是传统思维者常作的决定了，当左右为难、犹豫不决时，他们总是过早地举起白旗，宣布退出战局。

作为整合思维者，兹纳梅一方面无法容忍国际媒体对自己地盘的慢性侵蚀，另一方面还要在媒体国际化的竞技场上博得一席之地。他反复思考对比国际化和本地化的问题，希望能够重拾第一次忽略掉的凸显因素。

果不其然。他发现观众偏爱本地媒体的情况，不仅仅限于多伦多，几乎遍及每一个地区市场。土生土长的电视台能够反映并培养社区价值观，而且本身也能够融入其中，成为社区生活的一部分。兹纳梅对我说，当地电视台让社区成员找到了“久违的联络感”。这听起来平淡无奇，但兹纳梅和他的对手不同，将自己的发现整合到 Citytv 的经营哲学当中。正如他解释的那样——或许可以套用凸显因素的工作定义——电视台成功的关键在于“Citytv 专门留意那些被对手们忽略的东西”。

兹纳梅认为，电视台拥有，至少能够拥有，独特的身份形象，这与他们所承载的节目不同。“许多人会说，‘人们看的是节目，又不是电视台，’”他对我说，“但那是因为大多数电视台从未由幕后来到幕前。电视台可以通过自己的任何制作，利用节目之间的留白，来介绍，来表达，来宣传，以塑造自己的形象。”

兹纳梅用“节目之间的留白”——这一其他电视人认为是静止停滞的空间——来创造 Citytv 独特的形象。在节目之间出现的个性表达会告诉观众，接下来会有什么精彩节目，以及他们不应当转台的理由。这些安排更好地照顾了城市的多民族特性，在电视与观众之间编织了另一根联系彼此的纽带；也呼应了兹纳梅的行业原则，“电视是流畅，而不是堆砌。”

从一开始，兹纳梅就采用看似平常但又相得益彰的形象塑造策略，推出的广告语是“Citytv——无处不在……”，暗示它联系着城市的每个部分，哪里有乐趣，哪里就有它的身影。Citytv 的摄像车，足迹遍及多伦多的每个角落，电视制作人和记者运用摄像机记录下与过往行人的每一次交流，随后节目全天滚动播出，展现对周围世界生动而鲜活的评价。

对手们都没有想到，这本是不足挂齿的小伎俩，所取得的成功却让人无法复制。还有那个叫做“演讲角”(Speaker's Corner)的地方，是从街道上可以直接进入、紧邻 Citytv 总部大楼的小型录制亭。任何人都可以走进去，录制 15 秒钟的声画信息，如果有意思、有思想、有幽默，或者够感人，就会在“节目之间的留白”时间播出。

Citytv 的建筑也能够体现它与观众之间的联系，大楼坐落在皇后西街 (Queen Street West)，相当于美国的时代广场 (Times Square)，甚至把这一区域都渲染上了它的颜色。电视台的首层临街，内部有一个巨大庭院用来举行聚会和娱乐活动。现在美国曼哈顿大的传媒网络都采用这种首层开放式结构促进与观众的互动。兹纳梅将社区联系作为电视台形象的基石，令同行趋之若鹜。

如果你认为形象塑造策略没什么了不起，那么他对于电视业因果关系的看法一定让你无话可说。20 世纪 80 年代，大多数人都判定全球化趋势会最终波及当地电视台，而兹纳梅慧眼独具，料想全球化更会引发观众追捧具有本地风味电视台的热潮。就像他所说的,“全球化推动本地化。”观众对本地电视台的依赖感越强,就越难转移他们的注意力,哪怕选择再多。同时,兹纳梅也认识到全球化弄潮儿所拥有的资源和规模经济优势,正是本地电视台力所不能及之处。

和其他整合思维者一样,兹纳梅将自己描述成“‘兼顾’而不‘凑合’之人”。正如他不愿接受全球化和本地化之间的取舍,因为两边都是半斤八两,最终出人意料地将 Citytv 塑造为全世界本地化电视台的金牌之选。用他的话说,他将“本地电视台的学问全球化了”。

如今,Citytv 已成为真正意义上的全球化企业,子公司遍及全世界 22 个国家,在 100 多个国家中,当地电视台需经授权方可转播其节目内容或使用其解说方式。注册和授权方面的收益能为 Citytv 提供足够的资源基础,使它能够在维持本地优势的同时敢与全球大鳄叫板,这也是纯地方电视台无法做到的。

“全球本地化,”兹纳梅这么说,是解决电视业内固有力量抗衡的创造性策略。凭借一贯的整合思维风格,他将镜像模式与现实本身区分开来,在看似不可融合的选择中提炼出创造性解决方案,设定不容妥协的标准,主动承担责任,而不是受周围环境摆布。他所划定的凸显因素范围广于传统思维者,也就探索到更为细微的因果联系;需要难题各个击破的同时不忘整体背景,不得到解决方案决不罢手。他向我们证明,整合思维者就该是这个样子,整合思维虽然辛苦,但绝对值得。

第五章　绘制头脑思维图
——思维是怎样循环运作的？

生而知之者，上也；学而知之者，次也；
困而学之，又其次也；困而不学，民斯为下矣。

——孔子

在本书的前半部分，我们列举了整合思维者的事例，看他们如何运用思辨头脑获得引人注目的成就。我们看到伊萨多·夏普观察到并抓住了经营中的凸显问题，创立了世界一流的豪华连锁酒店；见识到鲍勃·扬挖掘出阻碍红帽集团成为市场领头羊的因素，却令其他人始料未及；还见证了摩西·兹纳梅综合考虑电视台的节目制作、观众喜好以及竞争环境等问题，构思出独一无二的解决方法，帮助地方媒体成功应对全球化时代的挑战。

通过逐步考虑凸显因素、挖掘问题的因果关系以及构建问题解决架构，整合思维者一马当先，远离简单化和专业化。他们迎难而上，试图从零乱繁复的现象和问题中理出头绪，并坚信自己最终能够找到解决问题的最佳方案。正如雷富礼经过反复琢磨，才会思考出推进宝洁公司发展的创新策略。同样，整合思维者们认为，那些不能有效解决问题的方案本身并非现实，它们仅仅是建于有意识或无意识得出的推论之上的现实模型。当面临多种不尽如人意的备选方案时，李秦及其他整合思维者决不会为图省事而在那些勉强将就的选项中苟且怠惰；他们会去创造，以创造出行之有效的选择方案为目标和己任。整合思维者从各个备选方案中获取知识和经验，却不受控于各选项的局限因素，他们总结其中的经验，进行突破性创新，构建出一套全新模型，创造性地解决既存模型之间的冲突与矛盾。

接下来，本书将把重点放在开发思辨头脑和增强整合思维能力这两个方面。为了使大家明白主要观点和概念，本章将继续以先前采访的整合思维者的故事为例，使用一些我们讲授整合思维时使用的资料和方法，这些也是我和同事们在给工商管理硕士学生和执行官们讲课时用的材料。在本章中，我们将为大家描绘个人知识体系的模型，为后三章打下基础、创造条件。我认为，有三个方面支撑着大家的知识系统，包括一个人的理性态度、工具手段和经验。接下来的几章中，我会逐一详细介绍这三个方面。本章着重研究和分析如何把具体的整合思维技巧应用于大家的个人知识系统；随后观察典型的整合思维者如何运用他们的技巧。同时，还将向大家介绍如何利用自己的理性态度、手段和经验去解决最具挑战性的问题，甚至是那些看起来根本就没有合适的解决方案的问题。[1]

为了使大家熟悉什么是理性态度、手段和经验，我们回到鲍勃·扬的例子上来。鲍勃·扬是红帽集团的共同创始人之一、前任首席执行官[1999 年，他把首席执行官的执杖交给马修·苏里克（Matthew Szulik）；目前他负责一个提供网上自助出版服务的网站 Lulu. com]。2003 年秋，鲍勃·扬与我一起出席多伦多大学罗特曼管理学院（Rotman School of Management, University of Toronto）的讲座，为广大师生演讲。此次讲座共分七场，每场 90 分钟，而这位机智谦虚的亿万富翁在此期间知无不言、言无不尽。他向学生们讲述自己曾经穿着睡衣睡裤在妻子简陋的缝纫间里创业，却干劲十足；还回忆了挨着奶酪厂干活是什么滋味，以及他为什么买下家乡哈密尔顿的一支破产的职业橄榄球队；还有他如何热心保护公有土地和为公共事业作贡献。而讲得最多的还是他的内心所想。不仅如此，他甚至身体力行地向大家展示了他的想法。[2]

理性态度：你是谁？你追求的是什么？

理性态度处于个人知识体系的顶端，是人们最广义的知识领域。凭借理性态度，大家能够在自己的世界里准确进行自我定位，并认识到自己力图达成的目标。理性态度不仅显示了我们怎样看待周围的世界，也表明我们在世界中如何定位自己。

鲍勃·扬认为世界复杂难解，前行的路途中有数不清的岔路口等着我们去作出选择。他认为“在任何情况下，成功之路都并非唯一”。不过成功很少能够一蹴而就。“不管我们刚开始采用的方法是什么，”鲍勃·扬说，“都注定是错误的。”在纷繁复杂的万事之中，最令人猜不透的便是人，比如说客户。“客户并不总是对的……他们可能撒谎，也可能会犯错。”在这个世界里，拿得出最佳方案的人却不是那些最聪明的人。鲍勃·扬称自己在红帽集团的工作伙伴为“聪明的家伙们”，他们智商极高，却不精通人情世故，也就无法提出正确方案来解决问题。

如果说世界上的问题太过繁复难解，以至最聪明的人也甘拜下风，那么，存在这么多平庸无为的企业也就不足为奇了。它们就是标准。实际上，企业家和员工们越能够早日认同这一点，企业就越能迅速进步。“别觉得自己一无是处”，他在多伦多大学罗特曼管理学院演讲时说道，“而且，不要因为自己不完美而耿耿于怀，基本来说，没有人是十全十美的。这可是不为人知的大秘密，不是所有人都能看得明白——其实别人也都本事不大。”

在鲍勃·扬看来，这个世界令人捉摸不透，因此身处其中的人都会感到外界的胁迫和压力。尽管红帽集团取得了巨大的成功，鲍勃·扬本人也从中获利颇丰，但是，他也并非叱咤风云、高不可攀。在评价网络革命时代初期情况时他说，“我们公司里的大多数人都是工程师。大多数人都是聪明人，不像我这样。我是推销员。”他不太容易向外界展现自己的杰出智力，因为（他自己也承认）他个性谦虚，不过却乐于助人，并且愿意不计代价地帮助别人。他讲道，“我的优点在于……，”他停顿下来，开始思考。过了一会儿，他终于想起了自己的一个优点：“我是一个出色的推销员。”

谦虚是鲍勃·扬的一大优点。谦虚使人好学、促人上进。他提出了这样一个问题：“你如何从一个刚参加工作的菜鸟——从理论上来讲，这时你的表现基本上不会太好——过渡成为一名出色的员工？答案非常简单而且有趣，而大多数人却也不容易发现。这个答案就是：每一天都取得小小的进步。问题在于，到了明天，你是不是还能坚持下去，第二天仍能取得进步？这就是你需要做的，就是要把‘每天进步一点点’的承诺坚持履行下去。不要担心受到批评，因为人无完人，批评总有其价值所在。”

是什么动力使大家努力拼搏，每天进步一点点呢？单靠金钱本身的动力并不足够。促使人们进步的动力是愿望和理想，作为人生舞台上的演员，他们都希望有所成就。“我深信不疑的一个信念就是，我要创造价值，”鲍勃·扬说道，“对我而言，创造价值比赚钱更为重要。”

在鲍勃·扬的世界里，动机是重要推动力。动机和学习相互促进，于是就形成了解决问题的工具。与单纯的高智商相比，这个工具所能发挥的作用更加强大有力。鲍勃·扬认为“人们智力上的不足可以用强烈的动机去克服”。此外，耐心也是至关重要的。同样，三思而行的决策习惯也是一个人的重要品质。“等待，”鲍勃·扬如此建议，“保留自己的意见，花点时间多搜集些资料。”三思而后行，在搜集和掌握了充足的必备信息之前，不要贸然行动。“早期我吸取的经验和教训是，不要做任何自己不理解的事情，”鲍勃·扬表示，“这就是我的核心观点。”

在自己的世界里，鲍勃·扬是一个动力十足、耐心细致的学习者。通过克服故步自封的缺点，通过履行每天进步一点点的承诺，他追逐着自己“为世界创造价值”的最高目标，也就能够更深入地理解这个纷繁复杂、令人迷惑的世界。

这就是鲍勃·扬的理性态度。或许相比之下，这个理性态度的定义和诠释已经足够清晰完善。因为他对这个定义有意识地进行了深入思考，而且在诸如罗特曼学院举办的论坛里做过多次描述和演讲。不过，不管是否意识到，也不管明确与否，每个人都有一个理性态度。每个人对世界的看法以及自我定位决定了他的行为和动作。李秦认为世界是兼容并包之所，在一定程度上，大家可以按照自己的喜好改变世界。他的事业刚起步时，就把自己定位成为价值投资者，这种观点推动并鼓励了他，使他创立了赫赫有名的投资公司。

皮尔斯·翰德林的理性态度与上述二者不大相同。在他看来，这个宏伟世界是由各式各样的美妙电影构成的，而他本人则是享有特权的观众。事实上，他的特权真不小：他想赋予他人机会，让大家去观看“他”喜爱的电影以及“他”挖掘的新作，从中学习和受益。当皮尔斯·翰德林晋升为多伦多国际电影节主席时，他并没有仅仅埋头管理行政事务，而是继续关注电影本身——为什么不呢？他的理性态度终究还是他自己认为的那样——一位电影和电影史的爱好者。

理性态度具有个体独立性，也具有文化和集体共享性。鲍勃·扬对自己的评价是：不能与聪明人中的高智商人士相提并论，但却是一名积累了宝贵实践经验的推销员。不过，从另外一个角度来讲，在开放源代码的软件革命大军中，那些高智商的工程师们都是他的伙伴和战友。一方面，他的理性态度部分来自于他同推销员工作之间的联系、他所处行业以及他同开放源代码软件运动先驱之间的联系，还有一部分则是自己独有的理性态度和观点。

我们通常将自己的理性态度视为理所当然。在我们看来，理性态度只反映“我们是谁”的问题，却看不到我们的自我定位将如何影响乃至支配我们看待“事物规律”固有的方式和角度——也就是说，我们固有的看法错把镜像模式当作是事实本身。然而即便我们认为理性态度能够潜移默化，它仍旧引领我们去感悟周围的世界，我们仍旧根据自己的感悟采取行动。实际上，在大多数情况下，正是由于我们没有意识到自己的理性态度以及基于理性态度衍生出来的世界观，理性态度的引导力量才更为强大，其作用也就更加难以抗拒和抵制。

工具：打造一个新世界

人类个体知识体系的下一步是人们用于组织思维和理解世界的工具。理性态度引导人们选择需要积累的工具和手段。理性态度就如同电脑制造商，引导大家接受电脑编程教育，使大家掌握设计电脑硬件所必需的系统理念工具。

工具的范围很广，可以是系统理论，也可以是既定程序，还可以是经验法则。鲍勃·扬的工具箱里根本没有什么系统理论——既然在他看来后天学习优于智力优势，这也就没什么可大惊小怪的。他并不嫉妒那些喜爱系统理论的高智商者，在言谈之间委婉表示了自己的看法：当试图把系统理论应用于现实世界时，高智商者并不一定一帆风顺。显然，鲍勃·扬认为那些高智商者如果能够以实际商业经验为坚实基础，他们将会获得更大的成功。

以上就是所谓的工具手段，其实鲍勃·扬并不直接使用上述这些工具。他的工具和手段都直接源于理性态度。首先是他开发产品和服务的热情——不断地开发新产品并改进产品。“我只是努力钻研，提出不至于错误的策略，”鲍勃·扬谈及自己多年来的企业家经验时说，“然后，在市场上验证这些策略。”归根结底，这种倾向性还是缘于他的理性态度和看法，他认为自己是一位耐心的学习者，自己所处的世界是一个纷繁复杂的世界，没有谁一上来就能理清头绪。

正是因为好学的态度，他在作各项决定之前都要先作广泛的咨询。“咨询到最后一个人的时候，”鲍勃·扬表示，“我已经最大限度地收集到广泛的意见。”不过，他认为人们通常倾向于相信自己，这是他态度中关键的一点。因此，鲍勃·扬并不一定会遵循其他人的意见，即便这些意见来自于权威人士。扬说当时自己决定在网络上销售 Linux 系统时，“那些聪明人认为我的决定愚蠢至极。”

在决策中除了运用上述的既定程序外，鲍勃·扬跟大多数人一样，也使用自己的经验法则。其中一条经验法则跟员工动机有关：“如果员工不愿意早早来上班，企业就没办法建立团队。”在这条经验法则的指引下，他在接手一家公司时做的第一件事就是裁掉上任老板七位下属中的五位。第二条经验法则关乎资产价值以及才智（才智似乎是众人都缺少的东西）：“一旦有人出售资产，我们就应当收购。”在这条经验法则的指引下，他在离开红帽集团之后收购了几家公司。经验法则的最后一条是关于个人幸福感：“人要做自己开心的事情。”按照这条经验法则，在下一份工作还没有着落之前，他便辞去了一份高薪但让自己不痛快的工作。而当时，他的房子抵押了一大笔贷款，他的第一个孩子还有一个月就要出生。然而，他很快就知道自己的决定是正确的，因为辞职之后，他彻底摆脱掉了折磨他的胃溃疡。

系统理论、既定程序以及经验法则都是行之有效的工具。缺少一个理论化的工具箱，人们就得摸着石头过河。理论、程序以及经验法则使得发现和归纳问题成为可能。事实证明，相同情景下，理论、程序以及经验法则能够指引人们运用工具手段更加有效地解决问题。浏览器总出问题，如果关闭几个窗口、退出图片显示程序的话就能解决这个问题。

跟理性态度一样，有些工具手段只是个人工具，具有个别性，而有些工具则为集体共同享有。例如，高盛（Goldman Sachs）的所有投资银行都使用同样的模板和记账表，全世界的金融衍生交易员也可能共用同一本教程。尽管如此，通过实践经验，大多数人都逐步形成了自己独有的经验法则，运用于并购谈判或风险评估中。

经验：态度与工具同现实世界的交汇

经验构成了人们最实际的有形知识。人们积累的经验是自己理性态度和工具的产物，指引自己去经历一些而避免另一些事情。如果你认为企业经营者是模式建立者，你了解客户的工具手段是复杂而专业的定量模型，那么你可能会坐在办公室里分析调查结果，而不是通过与消费者面对面的对话获取经验。相反，如果你认为自己善于跟人打交道，善于打开消费者的心扉，了解他们的需求和欲望，那么你可能会更倾向于通过登门拜访去了解消费者，从而积累同消费者交谈的经验。

毫无疑问，鲍勃·扬在开发和销售软件方面积累了深厚而丰富的经验。他的理性态度和工具手段指引着他，使他从产品开发和意见回馈的循环中获得经验：把产品投放市场，听取客户反馈意见，改进产品，听取更多的反馈意见，进一步改进产品……如此循环往复直至产品生命周期的终止。上述经验跟鲍勃·扬的学习者理性态度具有一致性。作为一个学习者，他的工具和手段不是来自于系统理论，而是来自于实践经验。

经验能够提高你的敏锐度和技巧性。敏锐度是一种能力，这种能力有助于人们区分相似情况的差异之处。厨师能够灵巧地区分出哪块肉熟了而哪块肉还没有。艺术评论家能够敏锐地区分出谁是跟卡拉瓦乔（Caravaggio）一样大胆奔放的原创天才，谁是怯懦传统的庸才。经验丰富的股票评论家看到两家公司貌似相同的财务决算，能够指出二者的不同之处，并正确估计出哪家公司在发展过程中将会更胜一筹。

技巧性是指付诸行动并能始终如一地达到预期效果的能力。技艺臻熟的厨师煎牛排，想要几分熟便会几分熟，并且这种能力具有稳定性。熟练的艺术评论家帮助观众分辨出伟大作品和平庸作品之间的差别。熟练的股票评论家能够始终如一地分辨出哪些股票会随着市场上下波动，哪些股票业绩稳健。

技巧性和敏锐度互相促进、共同增长。人们重复一项任务时，倾向于把在上次工作中吸取的经验教训运用到这一次的重复性工作之中，最后人们会形成一种习惯性技巧。技巧的改进能够使人们的技术更加熟练，效率更高（速度快而错误少）。当重复一项任务时，人们越来越能够更加细致地辨别质量水平，因此，经验丰富的厨师几乎可以凭本能分辨出牛排是生是熟。

学习新事物时，我们能够敏锐地发现新事物的特征。而那些经验丰富的从业者却对这些特征习以为常，熟视无睹。回想一下自己学习一项新运动或第一次上驾驶课的感受。这种过度的自我意识和学到的技巧并不会持续太久。时间久了，练习就把我们有意识的行为改变为自发的无意识的习惯性行为。想想刚学开车时的焦虑不安，遇到红灯停车时按照标准程序换挡，而现如今，不经大脑思考便能够轻而易举地停车，然后绿灯一亮又第一个冲出去。我们越熟练，就越不在意我们正在做的事情。就像系鞋带和骑自行车，我们对于正在做的事情和快速完成的方法的意识，逐渐变成我们的直觉和一种难以捕捉的东西。

个人知识体系的动态性

个人知识得以发展成为体系是因为知识体系的三个元素能够相互影响、相互作用。态度引导工具习得，而工具的习得又促进经验积累。

这个作用过程不是单向的，而是双向的。经验促使人们获取更多工具和手段。一些工具为我们提供捷径，如此一来，我们便能够利用经验知识避免不必要的劳动消耗。如果一项任务执行了十次，我们就清楚了哪些是关键步骤，哪些步骤可以省略或删除；按照怎样的步骤可以确保快速达到预期目标，而且结果稳定可靠。

新工具的发展和习得并不仅仅是改进已知程序而已。经验可能也会引导人们从外界寻找新工具，同时也有助于人们在既有程序中发现和学习新方法，反过来新方法又在实践中得到改进。比方说，某人在一家工程公司的基层工作，发现自己的工程学士学位不能给自己带来中意的职位，所以决定重返学校进修，攻读工程硕士学位，如果他本人对管理或产品开发感兴趣的话，甚至可以再加一个工商管理硕士学位。

鲍勃·扬的经验深化了他的模式识别技巧。我问他为什么那些高智商人士在构想利润丰厚的经营策略时遇到那么多困难，他回答我说："这是一个很直接的问题。这都跟模式识别技巧有关，他们在这方面没有经验。如果脑子里没有现成的模式，就不能比较和衡量各模式的优劣。"他们没办法判断自己提出来的策略能否达到预期的经营结果。鲍勃·扬认为，自己表现出的良好的决策能力是因为模式识别技巧在发挥作用——模式识别技巧的本身就要求经验的积累。"模式识别技巧太重要了，"他说，"我在这方面摸爬滚打过好几轮了。"

经验驱使我们习得新工具，同时，我们也深化和明确了自己的理性态度。如果公司的工程师去进修学习工商管理硕士们的工具和手段，那么这位工程师改变了自己在世界上的定位——于是，他的理性态度改变了。他再也不是一位只会处理特定技术问题的工程师，而是成为一位具有商务技能的工程师。他能够以更广阔的视角看待更广泛的问题，并利用更加多样化的工具手段解决这些问题。

对于鲍勃·扬而言，模式辨识技巧成为了一种工具，这种工具对于自己的理性态度至关重要——他认为自己是一名推销员，他的经验使他能够辨识问题的模式特征从而解决问题。在经验的帮助和指引下，他越来越自信，相信在辨别的基础上构建出来的模式，相信自己能够成功预见未来、勇敢作出决策。现实生活中亦是如此，于是他毅然决定在互联网上出售红帽软件。

图 5—1 形象地表明个人知识体系的动态性。理性态度指引工具的习得，理性态度和工具一起决定了经验的获得，而经验反过来促进工具习得，工具又影响了理性态度。

传播理论家、哲学家马歇尔·麦克卢汉（Marshall McLuhan）研究了理性态度和工具之间的循环关系，解释了温斯顿·丘吉尔爵士（Sir Winston Churchill）观察到的现象。麦克卢汉认为，"我们调整自己的工具，调整后的工具又反过来影响了我们。"[3]我完全同意他的观点，不过我想这个分析可以更加深入一些。工具帮助我们形成经验，经验又促进我们发掘和使用新的工具，而新工具的使用将会深化或者改变我们的理性态度。按照麦克卢汉的论断，以此类推下去，我们首先获取经验，然后进行实践练习，改进工具，随后把这些工具融入我们的理性态度中。在这个过程中，我们本身也得到了一定的改变。

伦敦商学院教授苏曼特拉·戈沙尔（Sumantra Ghoshal）在评论工商管理硕士教育时发表了类似的观点。在他看来，经济博弈论是商学院的必修课程，学生通过这个课程学习零和博弈论——换言之，这门课程只能教育学生能够在成千上万的可能性中寻找交替选择机会。戈沙尔认为，商学院学生们在使用博弈论中获取经验，结果他们变成只懂得零和博弈的执行官。所以他坚持认为，商学院学生应当接触不同的工具，获取不同的经验，这样一来，他们才能拥有多样化的理性态度。这样的执行官不仅能够在零和博弈中获得胜利，还具有一眼识别不同形式的能力。[4]

图 5—1　个人知识体系

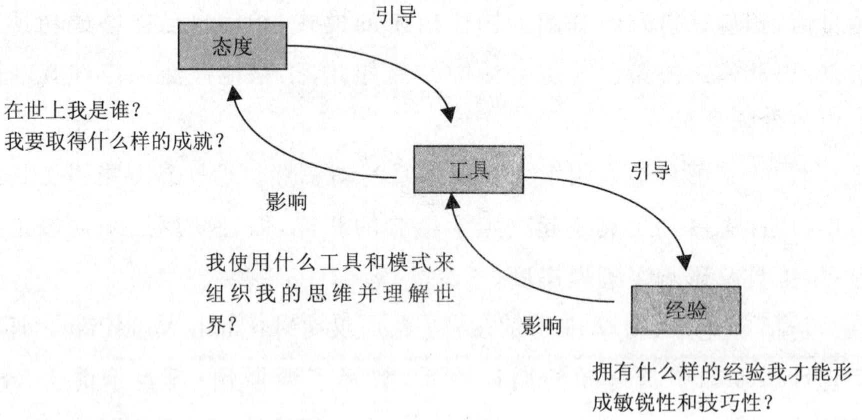

有益循环与有害循环

正如苏曼特拉·戈沙尔所言，知识体系高度依赖于个人经历。[5]如果一个人朝某个方向前进，他会坚持自己的方向和道路，改变方向的可能性很小。这样可能会带来好的结果，也可能会导致坏的结果；换言之，螺旋式的循环可能是有益的，也可能是有害的。处于运转的最佳状态时，个人知识体系的三个要素彼此作用，相互促进，于是，整合思维能力得到不断提高。然而，如果三者运转不当，理性态度、工具以及经验可能会彼此羁绊，相互抑制，令那些头脑聪慧、能力突出的人面对问题却无能为力，举步维艰，只求勉强维持现状。

如果理性态度狭隘或故步自封，那么，习得以及获得的都将是极端有限的工具和经验。这些有限的经验反过来促使人们习得更加有限的工具，导致更加狭隘的理性态度的形成。设想有这么一位年轻男子。身为有色人种的他出生在内城的一个支离破碎、贫困混乱的家庭，早期的经历和成长过程使他成为性格压抑的人。他认为，在这个世界上没有什么机会能够改善自己的境遇。对生存都了无希望,何谈雄心壮志,因此,这个年轻人的目的就是生存,他学习掌握的工具也只是能够帮助他生存下去的工具。使用这样的工具所获得的经验使他形成了自己的理性态度——他认为所生活的世界是一个陷阱,自己没有任何机会逃脱,也没有任何机会改善。在这种情况下,对于他来说,根本不敢设想学习掌握更加有效的工具手段,更不用说获得更广阔的视野、发现任何生活之美了。

李秦的故事却告诉我们,不同的理性态度可以给我们带来不同的命运和人生道路。尽管李秦是生长在安东尼奥港一个贫民街区的混血儿,他的理性态度却恰恰相反。他认为这个世界上到处充满了机遇,认为自己是一位劲头十足的实干家,深信自己最终能够获得成功。这种见解为他提供了强大的动力支持,在这种动力的推动之下,他申请了北美的大学,并且确信自己能够申请到上学所需要的助学金。大学时代,他学习掌握了工具,而这些工具手段更进一步扩展了他的视野,使他更加相信世界充满各种可能性。他在投资管理方面积累了经验,这些经验继而促进了敏锐度和技巧性的形成。这种经历肯定并深化了他对世界的看法——在这个现实世界里,付出必有收获。这种看法强化了他认为自己能够获得巨大成功的理性态度。

同是循环,却分别以不可逆转的趋势朝相反的方向发展。李秦的积极循环发展清晰地显示出他需要掌握哪些工具,哪些经验将会深化他的敏锐度和技巧性。而与此同时,他的经历又反过来加强了他学习和掌握更多工具的渴望与需要,提高了他的自我意识,使他更明确地定位自己,增强了他改变周遭世界、追求美好生活的动力。而虚拟出来的那位住在内城贫民区的年轻人的循环过程却很消极,他打小就认定这是一个无情的世界,他的理性态度、工具以及经验相互纠缠,硬化了他对这个世界的看法——在这个世界上,自己永远没有出人头地的机会。

以上两种循环方式并不是命中注定、不可改变的。每个人的知识体系——理性态度、工具以及经验——都把握在自己的手中。每个人都有很大的空间发展和形成自己的知识体系。我们或许改变不了自己的身高、智商或者遗传基因,但是只要能够改变自己的理性态度和看法、改变学习和掌握的工具手段、改变经历,就可以提高自己的思维能力——尤其是提高整合思维能力。

接下来的三章中,我将分别介绍理性态度、工具和经验。这三章将以整合思维者的故事为例,形象阐明个人知识体系中的各个成分。正是那些整合思维者的故事使我得到了启示——我们应当提高自己的整合思维能力,而且我和同事也在努力训练商学院学生和执行官们的整合思维能力。我希望接下来的三章将会推动读者个人知识体系的积极循环,促进你们整合思维能力的不断提高。

第六章　思维构建工程
——设想现实

一个人不可能重新认识自己认为已经了解的事物。

——埃皮克提图

（Epictetus，公元55—公元135）

“我无法接受！”在与天下一家卫生研究所创始人维多利亚·黑尔90分钟的谈话中，这是她吐露出的唯一愤怒之词。整个采访过程她一直滔滔不绝，时而激情澎湃，时而冥思苦想，时而心思缜密，时而风趣幽默，时而又光彩迷人。现在的制药业根本无法满足穷困人群的需要，并且医学界对这类人群的接纳度也在逐渐萎缩。当话题转到这上面的时候，黑尔强烈指责这种甘于懒惰、自以为是的现实状况：“作为一个药学科学家，我根本无法接受这些事实。”[1]

黑尔不是普通的药学科学家。她曾就读于旧金山的世界知名学府加利福尼亚大学，在那里获得了药物化学博士学位，曾在美国食品与药品管理局（U.S. Food and Drug Administration）担任过负责新药审核的高级评审员，还曾是世界领先的生物技术公司——基因泰克（Genentech）的科学家。当时，无论是在政府部门还是在大型的制药公司，她都正处于向高级领导职位的升迁阶段。但是 2000 年，正值四十岁的她毅然步出了那条道路，自己创建了 IOWH——世界上第一个非营利性的制药公司。IOWH 的使命就是：改变药物研发之路——或者更确切地说是——打破当前药物研发的现状。目前的药物研发并不针对穷人最易感染的疾病，结果使得世界上的穷困人群饱受痛苦。

在制药事业的道路上，黑尔已经认识到：这个行业通过两种方式使药物满足特定人群的需要。第一种是传统的营利性制药模式：制药公司耗资几十亿美元来研发一种可以治疗某种疾病或者症状的药物，而这个过程通常要花费十几年的时间进行实验室研究和临床试验。如果最终这种药物得到了大家的普遍认可，制药公司就会给它明码标价，从而回笼前期投资，同时还可以为股东赢得一些合理利润。第二种即大家所熟知的公共医疗模式，为使穷困病人也可以负担得起成本昂贵的药物，他们就从政府或者制药公司那里索取一些资助。

两种模式都各具优势。营利性模式可以筹集到巨额资金，研发治疗流行性疾病的新药物。而公共医疗模式则可以充分利用政府和制药公司的资源，帮助成千上万的人们购买他们通常无法负担的药物。但是，对于世界上最贫穷国家里的人民，任何一种模式都无法满足他们对药物的大量需求。营利性制药公司只为那些可以负担得起药费的人们研发新药，根本没有兴趣为穷人谋福利，即使那些重大疾病往往都降临到这些穷人身上。这是因为，针对穷人的药物研发业务根本不能为开发商们取得足够的收入，来补偿前期研发和销售的费用。

不要以此作为控诉制药公司的证据。它们并不是贪得无厌或者冷酷无情，而是作为营利性质的公共制药公司，它们必须承担自己对股东和员工所负的责任，因而受到了限制。假设以根本无力支付的人群为目标客户，在市场上根本无法立足。

公共医疗模式将现有医药费用控制在一定范围内，实现了一部分穷人的购买能力。但是这种模式只适用于现有的、有限的药物市场，根本不足以研制新药。公共医疗组织本身不是药物研发公司，也无法给营利性的制药公司以足够的经济利润刺激，让它们致力于相关药物的研发，用以治疗那些穷人最易感染的疾病。

在这两种模式之间，存在着巨大缺口—— 一方面，致命疾病猖狂肆虐，另一方面却没人愿意尝试去寻找医学上的解决办法。这个现实对黑尔来说，是无法接受的。她告诉我说，在思考如何针对穷人研发医药的问题时，她不禁问自己："为什么没有一个非营利性的制药公司呢？如果能把技术、人力和资源有机地结合起来，渡过研发这一关，最终研制出一种穷人可以负担得起的药物的话……我们来尝试一下，把这些结合起来。"于是 IOWH 就这样诞生了。

下一步就是集中精力解决穷人医药问题。很多穷人易感的典型疾病在医学上并非没有解决办法。其中一种疾病就是内脏利什曼病，这种寄生虫病患者主要集中在贫穷的孟加拉国、印度、尼泊尔、巴西和苏丹。每年大约有五十万人死于此病，使之成为世界上继疟疾之后第二大寄生虫病杀手。那些 kala-azar 患者（照字面翻译过来就是"黑热病"）——按照印度当地人的说法——被体内的寄生虫损坏了内脏，会在极度痛苦中慢慢死去。这种疾病可以通过服用一种抗生素——大家所熟知的两性霉素 B，满一个疗程就可以治愈。但是其费用比大多数黑热病患者一辈子的收入还要多——于是，除了几个幸运儿，大多数黑热病患者根本无法负担如此庞大的医治费用。

于是，黑尔和她的 IOWH 同事发起了一场运动，共同寻找穷人负担得起的黑热病医治方法。不久，他们发现了一种似乎很有效的药物。巴龙霉素是一种在 1961 年就已问世的抗生素，然而此后 15 年，渐因无利可图而退出医药市场。黑尔和 IOWH 动员基金会业内人士筹集资金，与印度政府共同开展大规模的临床试验，探索巴龙霉素对于黑热病的疗效。

IOWH 第三阶段的临床试验于 2004 年 11 月结束，研究人员得出了最终的临床试验报告：95%服用巴龙霉素的黑热病患者都已治愈。2006 年 8 月，印度药物控制中心批准巴龙霉素作为在印度治疗黑热病的合法药物。由于每位病人用药的整个疗程只需花费 10 美元，印度政府完全有能力承担国内黑热病患者的全部医疗费用。之后 IOWH 开始游说其他拥有大批黑热病患者的国家也尽快采用此种方法。

在印度政府的大力支持下，IOWH 现在正与印度格兰德制药有限公司（Gland Pharma Limited of India）合作，在印度全国范围内生产巴龙霉素，并分发到各个区域。由于在促成此次实践突破的过程中作出了重要贡献，黑尔于 2004 年被施瓦布基金会（Schwab Foundation）冠以“杰出社会企业家”称号，2005 年被《时尚先生》（*Esquire*）杂志评为“年度经理人”。在 2005 年，她还被《经济学人》（*The Economist*）授予社会经济方面的“创新奖”和社会企业家精神领域的“史科尔奖”（Skoll Award）。2006 年，她又赢得了俗称“天才奖”的“年度麦克阿瑟奖”。照麦克阿瑟基金会（MacArthur Foundation）的话说，此奖项旨在奖励那些“取得巨大成就，同时展现了极高的创新能力，并为未来的发展找到希望”的杰出人才。[2]

如果还有奖项专门颁给具备卓越才能的整合思维者，那她一定名副其实。毕竟，她在现有两个商业模式——其中一个在药物研发方面做得非常优秀，但结构上无法适用低收入人群市场，而另一个可以很好地服务于这个低收入市场，但结构上却无法进行药物的研发——的基础上构造了一个创意非凡的模式来解决目前的问题。她不是简单被动地接受二者的局限，而是独创了更好的模式。黑尔利用思辨的头脑为世界带来了新事物：非营利性制药公司。本章中，我们要探讨的问题就是：是什么样的理性态度驱使维多利亚·黑尔和其他具备整合思维的人产生奇思妙想,并最终找到创造性的解决方案?

整合思维者的理性态度

正如我们所见,世界上具备整合思维的人各有不同,但他们所持的理性态度却同时具备六个关键特征。其中三个涉及他们所生存的社会;另外三个则涉及他们在其中所扮演的角色。第一,他们相信现有的镜像模式并不代表现实;它只不过是最好的或者压根只是眼前的一个构建而已。正如在IOWH的蓝图问世之前,黑尔对当时制药发展情况所持的理性态度一样,"这就是现实?事情就该是这个样子?不是!不是!这背后肯定还隐藏着更多的混乱。"

第二,他们相信,对于这些相互矛盾的解决问题的模式、风格和方法,人们应该充分地调和制衡,而不是惧怕。"有些人在制药专业和技术方面非常在行,但是却不注重实地考察。"黑尔对我说,"还有些人非常善于实地考察,也深谙其中错综复杂的关系,并且具备敏感的文化意识,可是却不大懂制药这个行业。我们需要把这一切有机结合起来才能创造出更好的世界。"

第三,他们深信,肯定还存在着更好的解决问题的模式,只是我们还未发现而已。黑尔给我描述了当时的情形——她还未曾尝试,同行的科学家们就极力否决了创建IOWH的提议,"当时我就说,'作为一个科学家,你怎么能说这样的话?'的确,这是在冒一个很大的风险,可是如果都没有一个人去尝试的话,你怎么就能下结论,说这行不通呢?我们一定要尝试。"

第四,他们相信不仅存在更好的模式,而且他们可以将这个更好的模式从抽象的假设中带到现实中来。"首先,我以一个科学家的理性态度来看这个问题(为穷人研发药物)。我对自己,也对别人说,'我们应该尝试一下，’”她说，“我在这里用词很明确：我们应该。我们应该尝试一下。之后，事实上，我可以尝试。然后我会尝试。那现在我正在尝试。”

第五，他们在一系列错综复杂的事情中游刃有余，从而搜寻出一个崭新的改良模式，同时他们满怀信心，相信能够用另外一种方法将找到的解决方法很好地结合起来。“我能看到一幅巨大的图画，我能想象得出来，而这之中不会有一丝恐惧，”黑尔说。“我可以走得更远些、更广些。当我将自己的世界弄得支离破碎，从混乱中寻找出口的时候，其实我在寻找和谐与平静。我不惧怕混乱。”

第六，他们给自己充足的时间去创造改良模式。“等时机成熟了，我就会知道我该做什么，”黑尔说。“我只知道，每当我想寻找答案的时候，我会投入时间、拓展空间和花费精力——它需要我们做大量的工作。我就这样待着，坐着，时时刻刻翻来覆去地思考。你不能急，知道吗？该来的时候自然就会来了。”

这是一种与生俱来的乐观理性态度。整合思维者知道这个世界会对他们施加巨大的约束力，但是他们都深信，只要努力地思考和具备足够的耐心，就可以找到一个解决方案，而且会比眼前这个不尽如人意的模式好很多。

我们已经看到，四季酒店的伊萨多·夏普从饭店行业现有的商业模式中寻得了一个更好的方式：“将小型汽车旅馆的优势和大型饭店的优势有机结合起来。”我们也看到，蒂姆·布朗认定 IDEO 设计一定要同时满足使用者功能和情感两方面的需求，而不是顾此失彼。

1996 年，卡马斯掌控了一个小型的隶属于印度政府的发展银行，并将其转变为印度工业信贷投资银行（ICICI）。ICICI 很快就开始独占印度国内小额银行存放业务市场，现在正迅速走向国际，成为世界上历史最为悠久的银行之一，并一直遥遥领先。正如夏普和布朗一样，卡马斯拒绝了传统的思维方式，因为传统的模式只会让人们相信：目前我们所面对的是一个根本无法解决的、注定要顾此失彼的问题。卡马斯这里的问题是，高质量和高效率无法同时兼顾。然而他建立和管理的ICICI银行最终成功地同时实现了这两个目标。

当大多数人都声称某些问题的解决方案必定有所舍弃的时候，整合思维者不是随波逐流，而是明确地拒绝接受。eBay的CEO梅格·惠特曼就非常典型。她称eBay的成功秘诀就是"'并且'的观念"。它不是为了团体而形成的团体，也不是为了贸易而做贸易，而是二者的完美结合，这样就具备了很大的优势。[3]印孚瑟斯技术有限公司——印度最成功的国际IT集团，其创始人兼总裁南丹·尼勒卡尼说，当面对两套根本对立的需求时，他的第一个反应就是要问，"有没有可以同时满足这两个要求的解决方案？"[4]当被问到战略还是管理哪个更为重要时，通用电气的前主席兼首席执行官杰克·韦尔奇回答说："我觉得这不是一个非此即彼的问题。"[5]

同时，整合思维者面对错综复杂的情况时都表现得异常沉着、冷静。他们耐心等待着问题自然地脉络分明，条理清晰，并逐渐形成某种模式。拉马林伽·拉于用一个意义深刻的比喻描述了这个过程。拉于1988年创建了萨蒂扬软件技术有限公司。如今，它已经发展成为一个年销售额达10亿美元，并在全世界拥有35,000名员工的大公司。"如果只在水面上漂游"，他说，"那很可能发现不了任何珍珠，因为它们都深藏在水底，你必须要潜到深处；对自己手上负责的每件事，你都要深思熟虑。"然后我问他："当你面对一个复杂问题时，如果这个问题涉及彼此矛盾、相互对立的模式，你怎么还能潜到深处呢？""我会尽量调解，"他回答道。[6]

通过这样的调解最终找到了问题的解决方案，用布鲁斯设计公司的布鲁斯·毛的话说，"深思多元可能，熟虑多种情况。"[7]每一个整合思维者理性态度的核心就是，总是综合而非孤立地观察各个模式，从而找到有用的方法。而这种思维方式正是托马斯·C.钱伯林多重可能假说的完美体现。

培养理性态度

在我们开始探讨如何培养理性态度之前，请注意一点，理性态度并不是独立存在的，它只能基于工具和经验而存在，同时还需要时间慢慢累积。我或者其他任何人都无法教会你如何拥有整合思维者的理性态度。这个理性态度是与生俱来的，并且会在后天成长的过程中持续不断地积累（在此我们可以联想到李秦的根本信念：世界会因为我的努力而改变）。工具和经验会进一步强化受性格影响的理性态度，同时增加其深度和微妙之处。

那么问题就是：作为个人知识体系基础的理性态度应首先具备哪些特征，才能最终发展成为像维多利亚·黑尔那样的整合思维者的鲜明理性态度？

基础就是我在此章前半部分讲到的理性态度的六个要素。在下面的章节里，我们将详细地逐一讨论。首先让我们回顾一下这六个要素：

关于世界的理性态度

1. 现有的模式不代表现实；它们仅仅是我们的思维构建。
2. 鼓励思辨模式的产生，而不必惧怕思辨模式。
3. 现有的模式并不完美；更好的模式还未出现。

关于自身的理性态度

4. 我能够找到更好的模式。
5. 我能够介入并应对必要的复杂局面。
6. 给自己时间来建立更好的模式。

当你逐条分析这些条目时，注意每一条仅仅是一个开始而已。它们需要经过工具和经验的进一步强化才能变得坚定不移。当整合思维的理性态度慢慢形成，并逐渐地呈现出灵活性和明显优势的时候，你就会发现:其实关乎自我的理性态度的每一个要素,在关于世界的理性态度中都存在它们自己的对立面。当你逐渐理解了现有模式并不代表现实的时候,你会开始相信自己有能力寻找到一个更好的模式。而当你意识到相互对抗的模式之间需要调和、制衡时,你会更加自如地周旋于因之而出现的错综复杂的关系中,对自己充满了信心,相信自己可以从另一方面更好地理解这个问题。当你逐渐对"更好的模式还没出现"这个观念笃信不移时,你就会发现自己更加积极、主动地花费必要的时间去寻找最终的解决方案。

因此,即使理性态度本身无法授之于人,我们仍可以学习它的各个要素。下面让我们从第一点开始一起看看怎样习得理性态度的各个要素。

1. 现有的模式不代表现实

正如第三章所讨论过的,我们带着"出厂设置"来到这个世界。我们的理解和看法是在客观现实中形成的主观思维构建,而固有的"出厂设置"混淆了我们对世界的理解和看法,尤其是每当听到别人说"现实是……"时,我们会更加迷惑不解。而且,所受的教育又进一步使"出厂设置"根深蒂固,让我们随即联想到事实——即便这些所谓的事实也只不过是对莎士比亚戏剧、滑铁卢战役或者卡尔·马克思的过剩资本理论的某种阐述。"出厂设置"并非刻意在我们头脑中埋下种子,使我们永远混淆构建与现实的区别。实际上,这是出厂设置的本性:它试图使自己永恒不朽,而这已经在我们的教育体系中盛行开来。

有意识培养理性态度的第一步,就是要学会区别主观构建和客观现实。2005 年奥斯卡最佳影片(另获两项奥斯卡奖)《撞车》(*Crash*),就非常生动地揭示了这种区别有时候甚至关乎生死。

《撞车》的情节集合了几场发生在洛杉矶的激烈种族冲突。其中,剧情的一个重要线索就是西班牙裔锁匠丹尼尔(Daniel)和伊朗店主法赫德(Farhad)之间的冲撞。法赫德刚刚移民美国,说一口带浓重口音的蹩脚英语,在洛杉矶一个偏僻落后的地方开了家小店,还被小偷造访过好几次,每次却只能眼睁睁地看着他们胡作非为,不敢动弹,于是终于决定买一支枪自卫。他的女儿多莉(Dorri)当时正在攻读医学学位,而且已经很好地融入了美国文化。她苦苦恳求父亲不要这样做。可法赫德固执己见,最后尽管多莉顾虑重重,但是由于父亲的英语生疏,无法与售枪的店主顺利地谈成这个交易,她还是帮父亲买到了一支枪。

当我们再一次看到法赫德的时候,他正打电话向保险公司抱怨店里不够安全,因为后门的锁坏了。于是保险公司就派来了丹尼尔,一个24小时随叫随到的独立承包锁匠。他是一位20来岁的拉丁美洲人,对于法赫德这样不懂文化的外行人来说,他看起来似乎有些凶煞:留着光头,带着耳环,身上刺有好几处很显眼的文身,而且穿着怪异,活像是当地一个经常骚扰法赫德穷困邻里的地痞流氓。

镜头一转,我们又看到了丹尼尔的另一面:一个疼爱妻子和年幼女儿、温文尔雅的居家男人。他们的房子虽然普通却很讲究——他每次进门前都会脱掉鞋子。我们还可以看到,他五岁的女儿穿着学校制服时,满脸的骄傲和自豪。于是我们会猜想,为了送他们的女儿上私立学校,丹尼尔和他的妻子一定付出了很大的努力。

而一个剧作家要学的第一课,就是每一个场景都包含某种形式的冲突。

丹尼尔和法赫德之间这场至关重要的场景中到处都是冲突。现实的两个主观构建之间,以及二者与客观现实之间的碰撞是如此激烈,注定了最终的悲剧性结局无法避免。

故事始于法赫德的商店。丹尼尔身穿黑色衣服,在门边修那把坏锁。过了一会儿,他停下手中的活,转身向法赫德走过来,此时法赫德正坐在收银机旁边听伊朗音乐,看起来思绪已经飘到了远方。

“不好意思，打搅您一下，”丹尼尔说。“先生，打搅您一下。”很显然，法赫德因自己的沉思被人打搅而有些闷闷不乐。“你干完了吗？”他粗暴地问道。

“我换了锁，”丹尼尔说，“但是你们的门还有大问题”。

“你把锁修好了吗？”法赫德不耐烦地问道。

“没，我换了新锁，”丹尼尔说。“但是你必须得把那个门也修好。”

“你只用修锁就好了，”法赫德呵斥。

“先生，您听我说，”丹尼尔说，他的耐心已经快被磨完了。“你需要换一个新的门。”

“我需要一个新的门？”

“是的。”

“好吧，多少钱？”

“我不知道，”丹尼尔开口说，然后又摇了摇头。“先生，你要问卖门的人才行。”

“你想诈骗我，是不是？”法赫德挑衅道。“你有个朋友是修门的？”

“没有，我没有朋友是修门的，老兄，”丹尼尔回应道。他火冒三丈。

“那么你就去，去把那破锁修好，你这个骗子！”

“你 你 你……”丹尼尔语无伦次，他已经到了爆发的边缘。“你只付我锁的钱，不要你给手工费了。”他递给法赫德一份工作单。

“你没有修锁！”法赫德说，把那份单子猛地摔到了柜台上，“我付钱？什么意思？你以为我是傻子啊？你他妈的，去把他妈的锁修好，你个骗子！”

“我希望你嘴巴干净点，”丹尼尔努力控制着满腔怒火。

“那你去把那破锁给我修好！”法赫德怒吼。

“我给你换了新锁！你他妈的得把那破门换了！”

“你个骗子！你他妈的骗子！”

“好，”丹尼尔把那张单子揉作一团，“你不用付钱了。”

“什么？”法赫德看丹尼尔把那揉作一团的单子扔到了垃圾箱里，一脸疑惑地瞪着他。

“祝你晚安吧！”丹尼尔讽刺地说，然后转过身向门的方向走去。

“什么？”法赫德生气地说。“不，等等，等等。你回来，把锁修好。你给我过来，把我的锁修好。”

但是丹尼尔已经走出了门。

第二天，法赫德去开商店的门，却发现已有人破门而入，商店被弄得一片狼藉。更让他火上浇油的是，那些破坏者还在墙上喷满了乱七八糟的东西，都是带有种族歧视的侮辱阿拉伯人的语言，看起来好像就是特别针对“9·11”恐怖袭击采取的报复行为。这使法赫德怒火中烧——他是一个波斯人，被人称作阿拉伯人是一种莫大的侮辱。他几乎忍无可忍了。

当保险公司理赔人员告诉他，保险公司不会对此次破坏造成的损失给予补偿，法赫德满腔愤怒。理赔处的解释是，这是由法赫德的疏忽造成的，怪他自己没有听取丹尼尔的建议修门。

法赫德对这种不公平愤恨不满，最后他认定丹尼尔应该为此次盗窃负责。从丢进垃圾箱的那张揉成团的工作单上，他找到了丹尼尔的家庭住址。法赫德带上女儿帮他买的那支手枪去了丹尼尔的家。这时，丹尼尔刚把他的锁匠货车开到车道上。他刚走出车门，法赫德就跑到了他面前，手里拿着枪。他让丹尼尔把钱还给他。丹尼尔根本就不知道他在说什么，于是想尽力安抚他，平息他的怒火，但根本无济于事。

丹尼尔的小女儿从窗户里看到了这场对质。她一下子冲了出来，想保护她的爸爸，结果却在法赫德开枪时刚好闯进了弹道。看到女儿中弹，丹尼尔顿时发出痛苦的尖叫。他的妻子也从厨房跑出来，看到眼前的一幕，一下子跪在了门前的台阶上，痛哭流涕。

在一场完全可以避免的误会中，一个无辜小女孩竟最终成为牺牲品。这几乎是一场让人无法忍受的悲剧。不过，多亏法赫德的女儿多莉、丹尼尔和法赫德之间的冲突最后出现了一个出乎意料的转机。镜头一转，一个令人吃惊的场景出现了，我们这才发现，多莉帮父亲买枪和子弹的时候，偷偷地买了空包弹。法赫德满腔愤怒，把枪对准这个他误认为欺骗了他、还破坏了他财产的男人时，射出的实际上是空包弹。丹尼尔和他小女儿的命保住了，法赫德也幸免未被指控为一级谋杀罪。

这个惊心动魄的场景生动地展现了这样的事实：有意识地区分现实和其他众多主观模式的理性态度是如此重要。丹尼尔和法赫德已经对彼此形成了心理模式，并自信这个模式完全反映了现实。他们对自己的主观模式是如此坚信不疑，不惜为此铤而走险，采取极端行为。比起丹尼尔，法赫德的行为可能更为极端，不过两个人都做得太过了。

在法赫德看来，丹尼尔首先是一个骗子，还是一个十足的罪犯——不是自己破门而入，就是把地址给了那些犯罪的同伙。是什么原因让法赫德对丹尼尔产生如此的判断呢？丹尼尔的种族特性，凶恶的外表，还有就是——只管修锁不管修门。于是法赫德就将这些信息综合起来构建了针对丹尼尔的心理模式——他是个大骗子，为了给自己朋友找个可乘之机，就故意在门的问题上找茬。法赫德与这个骗子之间产生冲突时，所构建的模式就成了贯穿冲突的线索。丹尼尔的愤怒、拒绝修门以及之后在他的店里的失态，这些凸显信息进一步强化和扩大了他最初对丹尼尔个性的构建：这个长相凶恶的修锁工是一个骗子——一个诈骗犯。

法赫德构建对丹尼尔的模式的同时，丹尼尔也在构建一个对法赫德的模式。对丹尼尔来说，法赫德最突出的地方是——他听怪异的音乐、浓重的口音，还有对他毫无理由的指责（“你想骗我，是不是?”）。从这些凸显信息，丹尼尔构建了一个对法赫德的模式：无知、爱挑衅，极尽诬蔑之能事。他一直尽力保持冷静，直到法赫德指责他，但是他之后说“老兄”这个词时显露出的讽刺和不友善却进一步激化了两人的敌对。丹尼尔的言语强化了法赫德对其所持的“他是个强盗”的判断，然后法赫德又变本加厉地对其进行言语攻击。另一方面，法赫德郁积的愤怒进一步确认了丹尼尔的判断，法赫德的确是一个无知的野蛮人！最后他没收钱就走出了门——这又进一步使法赫德认为丹尼尔不可信。

丹尼尔和法赫德都将自己对彼此的主观构建与客观现实混淆在了一起，而这些构建决定了他们各自的行为方式。丹尼尔确信，他面对的是一个无知、爱挑衅和极尽诬蔑之能事的男人，所以无可厚非，他不会再对门的事情作任何解释和帮助，而是甩手不干、扬长而去。

虽然法赫德的行为极具挑衅性，丹尼尔的反应也并非不可避免。与其立即放弃与法赫德沟通和理解，丹尼尔本可以问自己：法赫德的行为是否还能从另外一个角度来解释？自己对法赫德最初的判断是否准确？实际上，他本可以采取另外一种方式来处理问题。比如，他可以让法赫德走上前来自己看看为什么问题的关键是门而不是锁。恰恰相反，他却反唇相讥，最后愤愤而去。而在法赫德对丹尼尔构建的错误，至少是严重偏激的主观模式中，丹尼尔的反唇相讥却又不经意地成为一个凸显数据点。对法赫德来说，丹尼尔的愤怒足以让他叫上那些下三烂的狐朋狗友回来捣毁他的小店。

然而，如果说丹尼尔的错误在于他无所为，那么法赫德的错误就在于他的有所为。比起丹尼尔的愤愤而去，这种方式更为极端。在法赫德对丹尼尔所构建的模式下，法赫德确信丹尼尔就是破门盗窃的罪魁祸首，所以他觉得自己有理由用枪打死这个诈骗犯。正如丹尼尔的情况一样，法赫德原本可以扪心自问，是否可以为丹尼尔的行为作另外一个解释，甚至多思考一秒钟也不至于使他最后出离愤怒，手里拿着枪，气冲冲地跑去复仇。

正如我对学生所讲，这里我们要注意的一点是，现实并不是分支碎片的混乱集合。生活中任何微乎其微的细节都该视为现实。通常，镜像模式将我们和现实联系在一起。比如，艾萨克·牛顿爵士（Sir Isaac Newton）所构建的宇宙的力的模式被普遍视为现实本身。而之后阿尔伯特·爱因斯坦提出了更高级的力的模式，这对受过教育的人来说，简直难以置信。其实力本身并没有变化，是描述力的整套体系发生了变化，然而这却让人们觉得似乎力本身就是混乱的。

如果说我们能从丹尼尔和法赫德的故事中领悟到一些教训的话，那就是（1）我们所认为的任何现实的东西都是现实的一个模式而已；（2）而这个模式很可能在一些重要方面并不完美。

2. 鼓励思辨模式的产生，而不必惧怕思辨模式

现在对于思辨模式有两种观点，一种认为任何模式都没有同现实联系在一起，另一种认为所有的模式都从某个特殊角度反映现实。这两种观点是对立的，但我们能够从中获得很多有益的启示。我们可以把各个不同模式组合为更加全面的模式，但这个综合模式也有可能是不完整的。那些曾经被忽略了的凸显数据，之前没有发现的因果关系以及没有探索过的架构都开始浮出水面。

实际上，思辨模式能够帮助人们洞察问题的关键。从与我们看法一致的人们身上学不到东西。轻易达成的一致以及不断的强化作用总是让人心满意足、安于现状，但是如果双方同时忽略了某些重要因素，那么这种满足感具有很大的欺骗性。法赫德和丹尼尔本可以从对方身上学到东西，但是他们并没有这样做，最后双方都受到很大伤害。最具创意和效果的态度就是把思辨模式看成学习机会，从而珍惜它、欢迎它，并了解它。

整合思维者发现，模式之间注定有冲突，就像在第三章中提到的莎莉和比尔的故事一样。每当两人或多人从自己独特的角度看待现实，并试图将其模式化时，就会有某种程度的冲突出现。于是每个故事中有多少参与者和见证者，就会有多少种不同的现实。我们不必去抵制这种现象：没有必要像法赫德和丹尼尔或者是莎莉和比尔一样陷入战争。如果所有模式都是错误的，唯有你的模式正确，那么就可以剔除或忽略其他模式。相反，如果你的模式是那些不完美模式之中的一个，那么肯定会有冲突事件，而你不必惧怕。

3. 现有的模式并不完美；更好的模式还未出现

教授整合思维的下一步是要相信更好的模式存在，只是我们没有发现，并将此培养成一种信念。

广义而言，在考虑和评价世界如何运转的理论时，人们采用两种概念方式，我称其为“满足模式防御”和“乐观模式找寻”。满足模式防御一直是应用最为广泛的一种模式——是绝大部分人的思维背景，而且他们通常意识不到该模式在起作用。当我们陷入了满足模式防御，便会选择某种理论，然后努力支持这种理论并为其辩护。我们不断积攒数据来支持所采用的理论，于是越来越确信该理论能够代表真理，而且还会因为终极目标的实现而变得越发满足，越发确定。[8]

回顾一下法赫德与丹尼尔之间的场景。两人同时陷入满足模式防御之中。法赫德很快地建立心理模式，认为丹尼尔是骗子，然后寻找证据来验证该模式的真实性：丹尼尔叫他“老兄”、咒骂他、拒绝回来修门，最后愤怒地甩手就走。在法赫德看来，这些事证实了丹尼尔是骗子，甚至是罪犯。

同时，丹尼尔也形成了一个关于法赫德的模式，认为法赫德无知而且无礼：法赫德说他是骗子、辱骂他、向他大呼小叫。这些都肯定了丹尼尔对法赫德的贬损模式。

满足模式防御者一心想证明现有模式的真实性，这存在很大的问题。他们认为那些不能证明模式真实性的数据是不可靠的，而且不那么凸显。一旦陷入防御状态,我们会放弃寻找更为准确的模式。如果法赫德想看到一个更加准确的模式,他就会寻找足够的证据去动摇、否定他对丹尼尔的成见。如果丹尼尔真的是骗子,那么他为什么会很快地答应帮他,而不收劳务费呢?

对于丹尼尔,虽然有一些数据可以动摇自己对法赫德的模式,但是很少。比如说,法赫德坚持要丹尼尔回来修锁。从同情角度来看,法赫德迫切需要有人来帮他,解决门和锁这两个令他头疼的麻烦。如果丹尼尔没有赌气甩手不干,那这个误解最终可能不必通过暴力方式来解决。

钱伯林从很多方面提出了反驳满足模式防御的有效论据。他经常提到,在科学工作中要反对"统治理论"。满足模式防御者想要拥有一个统治理论,因为一旦确立了统治理论,他们就可以回归到静止状态,此时他们具有很强的确定性。现在占主导地位的西方教育模式就支持这种倾向,强调找到唯一正确的答案。

满足模式防御观点认为应该排除替代模式或冲突模式。由于替代模式对现有模式的真实性构成威胁,因而满足模式防御者拒绝认同替代模式。在法赫德的模式里,丹尼尔不可能是热心帮他解决问题。丹尼尔不收报酬——这样的行为对法赫德模式的真实性构成了挑战,于是法赫德硬着头皮对丹尼尔的好意视而不见。看到丹尼尔温馨的家庭,这又对法赫德的模式形成了新的挑战。但他没有寻找否定的数据,而是不得不保护和维持自己现有的模式。

面对挑战时,我们有另外一个更有效的替代模式来维护现有模式:采取乐观模式找寻者的理性立场。乐观模式找寻者不相信存在正确答案,他们只相信存在最佳答案。因为这种模式假定所有的模式都是不可靠的,[9]美国哲学家查尔斯·桑德斯·皮尔斯(1839—1914)把这种模式称为不可靠观点。当然,这并不意味着应该抛弃现有模式。在现有的最佳模式被一个更好的模式替代之前,它应该处于统治地位。但是不可靠观点还认为，现有的最佳模式注定有一天会退位，其继任模式也同样会步其后尘。

对乐观模式找寻者来说，静止状态不是稳定的。他们不停利用掌握的最优数据检验他们现有的想法。目标是反驳现有信念，因为这种反驳代表的不仅不是失败，更是一种进步。如皮尔斯所建议的那样，每个新模式在其改进过程中都不是完美的，而且注定会被一个更好的模式所取代。总之，这种观点可以归属乐观派，它暗示了未来模式将会比现有模式更高级，应当算是一种乐观的态度。

乐观模式找寻加强了整合思维的理性态度，并且令它充满活力。整合思维者不仅寻找思辨模式，而且乐在其中。他们认为，思辨模式的存在证明可能存在更好的模式，而且这个更好的模式终会出现。不像那些满足模式防御者，他们总是由于多种模式的存在而忐忑不安。相反，乐观模式找寻者却因单一选择备感不适。乐观模式找寻者清楚多种模式复杂性蕴涵的价值，更愿意等待下一个更好的模式出现，而不是维护现有的模式。

我采访过的许多整合思维者，都对乐观模式找寻持肯定态度。红帽集团的鲍勃·扬喜欢接受来自与传统智慧相反的模式的挑战和启迪。“当别人抛弃资产时，这是应该购买的信号。”扬说道。[10]利基顾问公司的李秦对待这些不受欢迎的股票，也有同样的看法。[11]卡马斯是高级技术专家，对技术上的标准计算方法具有敏锐的洞察力，他在印度工业信贷投资银行的目标就是，用国际竞争对手十分之一的成本增强银行的信息技术实力，这意味着信息部现有的关于银行信息设备建立和管理的标准模式将被抛弃。[12]

金矿集团（Goldcorp）前首席执行官罗布·麦克尤恩（Rob McEwen）也许是最为夸张的乐观模式找寻者。[13]罗布之所以在古板的黄金开采行业享有盛名，是因为大力推行具有开放特质的 Linux 系统。他把金矿集团在红湖矿场的所有地理信息放在网上，并标明奖金，征寻金矿集团开采的最佳地点。麦克尤恩的对手们认为他疯了，但是这并不能阻止他。他把从网上征集来的建议付诸实践，帮助金矿集团把业绩不佳的红湖矿区转变为业内产量最多的金矿。

麦克尤恩描述了他的想法："我在寻找一个基本假设。这个假设从未被质疑过，而且我们业内的所有人都曾与之一起成长。如果你找到了那个假设，那就质疑它，然后就能够看到机会。如果能够从不同角度定义这个问题，便可以创造出其他人想不到的机会。"

麦克尤恩观点中暗含着他的乐观态度——他由衷地认为存在一个更好的模式。要形成此类想法，首先，我们必须意识到自己身上满足模式防御的倾向。接下来，我们还需要把乐观模式找寻当作是一条合理途径。

第一步就是检查我们的个人信念，确定如何维护个人信念以及为什么要维护它。我们通常会采用满足模式防御来维护我们的信念。比如，我们总是寻求权威来验证我们的信念。"我知道这是真的，因为这是上帝决定的，"这就是一个采用防御策略的例子。引用神圣权威只会阻碍我们寻找逆向数据或否定性数据——这种找寻几乎是一种亵渎。

逻辑循环是满足模式防御者采用的另一种策略。"我上次对他很公平啊！"我们对自己说，"因为我是很公平的人。"这种模式完全将错误归咎于受到不公待遇的人们。

我们大多数人都有这种想法，却很少有人去仔细研究。我在罗特曼商学院教授整合思维课程时，学生们学习如何检验个人想法中的逻辑。他们都惊讶地发现，自己确实能够而且也正在使用，那些既定的却几乎没有经过检验或证明的模式。

4. 我能够找到更好的模式

关于自我的理解比对于世界的看法还要难以传授。如果一个人相信乐观模式找寻更胜一筹，并疯狂地追寻这种模式，反而不会自动生成预期的结果。事实上，经验是理性态度最好的老师，因为只有积累经验，才会获得信心，确认我们的想法是正确的。也只有通过经验，才能获取技能用以找到更好的模式，才能处理复杂局面，并培养自我足够的耐心。我们可以引导学生对自己系统的、有意识的思考方式进行反思。通过反思，他们学着探索决策背后的想法，学会分析自己的决策是基于何种模式，确定什么是凸显数据，引发什么样的因果关系。通过决策分析，学生可以发现自己在设计解决方案时能否专注于整体；还是像绝大多数人一样，只顾强调片面，而忽视整体，迷失方向。

为了从所作的决定以及产生的结果中有所收获，必须事先明确，我们的决定是经过思考的。不管是好是坏，思维都有无限的能力去给予事实以合理解释。如果事情没有按我们所想的那样发展，其实完全可以忘记那些促成决定的想法。相反，我们偏要说服自己，这种预料之外的结果是理所应当的。

公司经理每天都这样做。他们进行投资以期获得高额回报。当结果不尽如人意时，他们告诉自己，相信吧，不会再有其他结果了——实际上，他们早就料到会是这样。克服合理化机制的唯一方法就是记录下引导我们作出决定的想法，以及所预想的结果。这样一来，把现实结果与我们的预想进行比较的过程变得相当简单。结果与预想之间的差距——通常都会有差距——可以帮助我们对自己的思维过程和性格缺陷进行有价值的评估。在我看来，性格缺陷源于理性态度。

我们让学生（其中有些人还是公司执行官）运用乐观模式找寻方法来解决思辨模式所带来的困扰。最近，我为一家大型公司的全球人力资源团队开设了整合思维论坛。他们的难题在于：是将公司培训项目与发展计划实行全球集中化，还是区域分散化；如果分散，又该是按照地区，还是业务板块。

我首先让学生反向思考两种冲突模式的逻辑。通过反向思考，我让他们从凸显数据、因果关系、模式架构以及其结论中追寻逻辑印证的轨迹。我希望他们从相反的方向来追寻，从结论回归到凸显数据。

当一个群体对其现有模式的基础假设进行反思时，成员应把精力放在现实本身的方面，用其证明模式存在的有效性，不要只关注自认为真实的部分。通过这种思考，学员们可以避免轻易认定或推翻冲突模式。

在人力资源的案例中，反思过程揭示，如果采用集中模式，需要某些真实条件的支持；分散模式也是如此。集中培训模式需要全面了解各个地区的不同要求，尽管存在很多地理和文化方面的差距。同时，集中培训也需要从各区域的关键角色那里获得补充整合。

关于分散模式，其他条件必须具有真实性。各个培训中心有必要维持合理的成本—效率平衡，尚不涉及全球范围。还必须维持全公司在培训和发展上的连贯性，与人力资源部门紧密配合，共同关注和解决公司范围内的需求和当务之急。

然后，我让他们整理两种不同的数据。其中一组用于支持模式正确性，另一组则要反驳这些观点。寻找否定或者反驳数据是这项练习的关键，因为我希望他们不要陷入满足模式防御思维。

正如我所料，学员们发现两种模式都不完美。有些数据能够证明观点是正确的，另一些数据则与观点相悖。比如，集中模式似乎不能得到各区域关键人物的认同，这点非常明显。他们认为集中培训不具备灵活性，不能理解区域不同的需要。同样，分散模式很难保持连贯，而连贯一致又是公司作为整体推行标准制度的关键，这点也非常明显。当否定数据呈现出来时，两方面的拥护者都不得不承认各自模式的缺陷。

练习结束时，这个团队清晰地了解到，初始模式并不完美。这时他们已经开始相信，一定存在更好的模式等待他们去发现。更为重要的是，彻底反思两种模式的内部逻辑能让他们懂得，两种模式都是对现实的反映，而不是现实本身。明白了这点，再让他们去考虑能否找到或者创造出更好的模式，就会很容易。

学生们了解到，全球集中模式缺乏灵活性，且不容许区域化定制。区域分散模式缺乏连贯性，无法实现低成本高效率的状态。而且他们也知道，如果用优势来掩盖劣势，勉强接受某一模式，还是划不来。

于是他们共同努力为培训困境设计一个整合解决方案。经过了争执、尝试和失败之后，更好的模式出现了，借用一个 IT 术语就是，建立培训内容“平台”，实现全球化集中功能。这样，各区域可以在平台上有效建立常规“应用系统”。全球平台可以保证连贯性，并实现规模经济；而区域应用系统可以保证各地区培训的恰当性，并能够获得区域自主权，这对成功来说极其关键。

事后我们会发现这一共同拍板的方案简单易行，要知道即使在进行反思练习时两方仍然水火不容。如果人力资源小组的成员继续采用满足防御方式，就不可能发现这个方案。他们本来只是支持他们所认同的模式的数据，而忽略他们所不齿的模式中蕴涵的优点，更看不到自己所认同的模式中的缺点。通过乐观模式找寻，学生们可以公允地分析冲突模式，并相信有必要创造新模式。成功让他们获得了信心，让他们相信不仅肯定有更好的模式存在，而且他们还有足够的能力去找到它。

5. 我能够介入并应对必要的复杂局面

在罗特曼商学院给一个人力资源小组讲授整合思维中的反向思考时，我教学生们如何培养信心和技能，以成功介入并应对复杂局面——就像维多利亚·黑尔所做的那样。学生逆向建立反思过程，即从结果出发，回推到产生这个结果所采取的行动，然后是行动背后的思想。我们把这种顺序记做：思考（thinking）→行动（actions）→结果（outcomes），或者是 TAO。

为了教授学生如何采用这一顺序，我和同事让他们完成一个标准的商业模拟游戏。这个游戏中有8组学生，或者说是8个公司，每组的初始情况完全一样。他们要经过4个阶段，每个阶段分别代表公司为期4年的一个经营周期。每组选择一个理论上的生产区域，一共有4个区域。他们还要决定生产多少产品，对多少产品进行广告宣传，在研发上投入多少资金，以及如何定价。总而言之，各组必须在复杂的环境中设计出一个复杂的行动顺序，而且时间紧迫。[14]他们每轮都要提交新的备选方案，并且通过计算机模拟运行方案系统，来确定结果如何。

不同于其他商业学校的练习，这是一个错综复杂、模棱两可的游戏，没有预先的正确答案。当结果明朗时，我们会发现每组的结果在一定程度上取决于他们自己的选择。

事情从来不像他们所期望的那样发展。游戏结束后，我们让每组选出一个他们认为最失望的结果。还让他们回答，是哪种行动直接导致了这种不愉快的结果？是什么样的想法引导他们采取这样的行动？

通过行动顺序思考，学员可以看到他们哪里遗漏了凸显数据，哪里忽略了重要的因果关系。例如其中一组对他们在第三阶段的销售非常不满意。在分析为什么会导致这样糟糕的销售业绩后，结果发现对于巨额利润的过度追求，使他们的定价脱离了市场水平。

是纯粹因为贪婪而导致定价错误，还是忽略了凸显的市场信息？从因果关系链反推回去，他们意识到，其实是错误理解了上一阶段显示的定价信息。他们认为其他组都会采取直线涨价，但事实上，有些组已在第三阶段决定通过大幅削减价格来获得更大的市场份额。这一组由于没有考虑到复杂的竞争环境以及其中的凸显因素，只能以失败告终。

通过这些课程，学生们所学有三。第一，他们对自己的想法并没有进行太多的思考。第二，对自己的想法进行思考——换句话说，就是反思，是件很困难的事情。各小组都尽力形成"思考→行动→结果"这样一条链。但是对他们来说，哪怕只完成"行动→结果"都很困难。通常是，结果发生就发生吧，人们会很快忘记是什么行动导致了这种结果，只会专注于下一步要采取的行动。

如果从结果反推到行动很困难，那再往后思考是什么样的想法导致这种行动，这个过程更加困难。但是有很少一部分学生，先抛开他们的年龄或学识程度不谈，还是能够对自己的思维进行反思的。

第三，通过系统反思自己的思考过程可以改变自己的想法，这是一条很好的途径。学生进行反思练习时，都会问“我们当时是怎么想的？”这种对自己产生怀疑的时刻——也可以说是对自己刨根问底的时刻，来源于对想法的思考。

当学生人数增加时，这种反思过程可以通过两个游戏同时进行。在第一阶段要做的关键选择就是在哪里建立工厂。每组只能建立一个工厂，工厂地址不能更改，只能在此基础上进行扩建。这次，学员意识到考虑其他组的可能性选择是多么重要了。如果没有这种考虑，首选当然是把工厂建在北美，因为北美是世界上最大的市场，而且把货物运输到其他三个地区的成本很低廉。

别忘了，我们可是同时进行两个游戏。在其中一个游戏中，有 4 组把工厂建在了北美，3 个在欧洲，1 个在亚洲。到最后证明，这是一个比较高效的组合。而另一个游戏中，8 个工厂全都建在北美，导致了惨烈的竞争，而这个游戏中的团队只能获得标准线以下的利润，因为他们都在拼命抢占北美市场，把大幅降价作为制胜武器。但是第一个游戏中的团队，他们凭借多样化的建厂选择，产出比较丰厚的利润，是另一组游戏中所创造利润的两倍。

之后的讨论中，那些利润较低的团队发现，他们根本没有考虑过建厂地点的选择会导致如此激烈的竞争。实际上，他们并没有想到竞争会损害他们的利润，当知道另一个游戏中的团队获得了丰厚利润时，才意识到自己赚取的利润是那么不理想。只有了解到两个游戏的结果是如此不同,他们才开始反思自己的想法以及这种想法所带来的行动。也只有那时,他们才发现这个结果与同一游戏中其他参与者所作的决定是密不可分的。一个相当惨痛的教训告诫他们,要注意到复杂的情况。也是这次经历让他们开始探寻自己介入并应对复杂局面的能力。还有,正如一个学员所说,幸好我们不是用真钱来玩!

6. 给自己时间来建立更好的模式

如何保持耐心,这是最难教授的课程。这时,母亲明智的告诫就在我耳边回响。每次在我很没有耐心的时候,她都劝我再耐心一些,而且她也经常这样做,她说:“耐心是美德,有耐心的女人很少,但是有耐心的男人根本不存在!”

学生培养耐心的唯一方法就是在短时间内经历失败。人力资源执行官小组和 MBA 学员在商业模拟游戏中系统地反思了他们的想法。那么之后他们是否具有了轻松应对复杂局面的能力?是否会给自己时间去创造更好的模式?几乎不会。但是这些练习帮助他们打下基础,使他们能够用整合思维者的模式来思考。通过探寻自己的想法,他们初步尝试应对复杂局面。通过对导致不满意结果的那些有缺陷的想法进行思考,他们发现,从思想和情绪两方面努力去接受复杂局面,并花时间形成创新式解决方案的确是很有价值的。

第七章　思想的飞跃
——如何利用整合思维连点成线

给我一个支点，我能撬动整个地球。

——阿基米德

(Archimedes)

保险精算师们常开玩笑，说自己和会计没什么两样，除了不会那么喋喋不休。精算师泰迪·布莱契(Taddy Blecher)，南非创新型大学——社区暨个人发展机构城市校园(CIDA City Campus)的共同创办人之一，也是1990年全国精算学金奖的获得者。他又瘦又小，戴一副很厚的长方眼镜，褶皱的衣服和一双跑鞋足以说明他的时尚感。乍一看，真像个会计。

但是，对泰迪的"印象框"在他开口讲话的瞬间就粉碎坍塌了：

当人们告诉你"这件事你做不来"，而且摆清所有的理由时，我们就要去证明给他们看——实际上你可以。你可以收养贫穷的孩子，也可以为失业的人提供工作，使他们远离困苦的环境。这些人可能遭遇家庭破裂，本没有这样的机会，但是你可以帮助他们过上意想不到的幸福生活，让他们真正成为社会的一分子。

这些问题听上去很严肃，因为它们似乎是无法解决的事。但是——其实很容易解决。真的很容易解决！有很多办法为非洲撒哈拉以南地区创造财富，可以为他们提供很多工作机会。[1]

他从精算师转型为社会企业家，一发表言论，就会受到极大的关注和重视；演讲停止，人们翘首以待，如同复兴布道会上等待救赎的灵魂一样。演讲结束后，听众们把他团团围住，志愿为这所大学工作，其官方名称就是“社区暨个人发展机构城市校园”。也许是布莱契的魅力太过超凡，也许是个人感召力无法抗拒，才使他跳出人们对精算师旧印象的“框框”。

从零开始，创造一切

布莱契与其他整合思维者一样，也曾经面临紧急关头，生活甩给他一个又一个难题。令布莱契愁眉不展的是南非年轻黑人的教育状况。1999 年，种族隔离政策的废除给年轻人开辟了一片新天地，提供了许多政治机遇，但是他们在经济发展方面享受的机会仍然少之又少，失业率高达 40%以上，而且几乎没有接受再教育的机会。对于一个国家来说，仅有 6%的人口拥有大学学历，这可是一个非常严重的问题。

布莱契想为这些年轻同胞提供受教育的机会，让他们过上更好的生活。为解决这个问题，他准备了两套截然不同的方案：一是传统的面对面教育，一是远程教育。布莱契说：“这两种教育方式都有各自显著的优势，但是在撒哈拉以南的非洲，它们也有非常非常现实的劣势。”传统教育的问题在于它限于少数白人，长久以来，只有白人有资格接受大学教育。在整个南非 440 万白人中（占全国 4,700 万人口的 9%），有 65%具备高中学历；而在总人口比例高达 75%的黑人中，仅有 14%的黑人接受过同等学力的教育。

现阶段，整个教育系统的基础设施还无法吸收、容纳在此之前大量无法接受教育的年轻黑人，其中一个主要原因就是成本开支。[2]大学教育的花费至少是每人每年 5,000 美元，这个数字是大多数黑人家庭都支付不起的；即便政府能够提供一定的支持和帮助，覆盖面也很有限，因而起不到什么实质性作用。

远程教育在高度发达国家中的发展还是很好的，因为那里已经建立起成熟的教育和通讯基础设施。胸怀理想、干劲十足的学生们作好了充分的准备，利用社会强大的资源网络，无须通过教授面对面的传授和手把手的指导，也能够学以致用、成功发展。但是，种族隔离政策已经剥夺了南非黑人学生们的教育机会和资源，年轻黑人在家庭中大多是第一个接受高中教育的孩子，而当时他们根本接触不到这些发展成熟的教育设施，也几乎没有什么网络支持和教学模式。因此布莱契决定："必须得有人另外创建第三种模式。"

凭着自己的激情锐气，布莱契开始研究，设法利用技术和创造力将第三种模式化为现实，为年轻黑人提供教育支持、辅导，希望他们与接受过"面对面"教育的年轻白人一样具备训练有素的专业性和纪律性。布莱契所面临的第一个"商业任务"就是解决教育成本结构的大问题。但是他积极向上，心态极其乐观，所以并不把目前面临的资金短缺当作是很严重的困难。"其实我们并不一定要获得很多的经济支持，"他告诉自己，"我们只需换个思路，以不同的、更聪明的、更有创意的办法从零开始，创造出一切。"

学校的教学楼就是布莱契"从零开始，创造一切"的创业方式的典型例证。在此之前，这座大楼是约翰内斯堡(Johannesburg)市区投资银行的总部。随后，由于市区暴力事件频发、经济日益衰退，大楼的多数租户纷纷出逃。房东认为留着这座大楼也没什么价值，便捐赠给了社区暨个人发展机构城市校园。[3]

学生们也帮助布莱契降低学校成本。他们每天上课八九个小时，除此之外，还自己做饭、打扫卫生，承担学校的各种维护和文书工作。过程中，他们还学会了可以用于事业发展的多种技能——建筑系学生建设学校的各种设施，农艺系学生为食堂种植蔬菜和粮食，旅游系学生开办旅店等。学校的课程注重商业知识和创业技能，并由当地企业高管无偿授课。许多公司还为学校捐赠了电脑、图书和设备等。

通过这些创造性的节约办法，学校的年度教育成本降至1,000元/人。这个费用是许多企业和个人捐赠者都能够负担得起的。学校资源虽然稀缺，可凭借布莱契“从零开始，创造一切”的强大能力，无论多么严重的短缺都可以克服。甚至在学校开学的第一天，布莱契都还没收到捐赠者承诺的电脑。没关系。布莱契给每位学生一张电脑键盘的复印件，让他们上打字课用。几个月后，当电脑最终送到的时候，学生们已经能够熟练地打字了。

在布莱契的号召下，整个校园社区都行动起来，从零开始，创造社会互助网络。学校要求每个学生从他们先前就读的高中“认养”30个学生，帮助他们为进入CIDA城市校园作准备。而且每一名CIDA城市校园的毕业生，在毕业后的五年之内，都可以资助一位在校生，为其提供奖学金。据布莱契估计，在这样的努力下，学校从1999年成立至今，已经影响了南非60余万年轻人。

现在的CIDA城市校园仍然很小，只能容纳1,500名统招四年制在校生和相同数量的短期职业培训生。可是目前的状态已经达到了布莱契的战略目标，即：“建立一所大学，并围绕这所大学构造一个完整的经济体和社区。这所大学完全实现自给自足，自生自力，因为它具备自己的内部经济活动。”一所新型的大学应该是什么样子？布莱契在想象过程中，构思出CIDA城市校园的使命宣言，现在这所大学正努力完成它的使命。

宣言中说:“CIDA 城市校园的愿景是创建一所广受世界赞誉的先进学府,专注于金融知识和技术教育,力求在以下方面产生深远影响,包括学术教育、个人发展、学生成就、开拓创新、成本节约、学习效率、技术掌握、体育健身、文化修养和社会变革。”

布莱契的努力获得了广泛的关注和认可,CIDA 城市校园 2002 年作为南非最具创新性的机构获得创新时代大奖,布莱契本人也被授予 2002 年世界经济论坛全球未来领导奖和 2006 年史科尔社会企业家精神奖。但是从与布莱契的谈话中我感觉到,这些奖项对于他的价值仅仅在于世界和社会的认可能够帮助宣传学校的愿景,也就是他根据撒哈拉以南非洲的现实状况创建的这种独特的教育模式的理念。

说到这里,你大概能从布莱契的创业历程和思路中发现整合思维的特点了吧?对于布莱契来说,现有的模式仅仅是模式,每个现有模式都有可取之处。可是,还有更好的模式存在,而且布莱契相信自己会找到它。探索寻找的过程是复杂而漫长的,等待这个更好的教育模式发展成形,需要相当的耐心。但是布莱契相信自己会找到答案。

在本章中,我们会探究布莱契用来创建高等教育新模式时所采用的工具。我认为,整合思维者经常使用的三大工具中,布莱契选择了两种——创成式推理(generative reasoning)和建立因果模式(causal modeling)。我也会讨论一下第三种工具——积极质询(assertive inquiry),并且顺便给积极上进的整合思维者们上几堂课。

创成式推理

三个工具中的第一个就是创成式推理,这种推理形式主要探究事物的可能面貌,而非实际面貌。利用创成式推理,我们还能为创造性解决方案搭建起框架,使我们提出的解决方案更加牢固可靠,经得住现实世界的严酷考验。

大多数人都没学过创成式推理。西方教育大多强调的是表述式推理(declarative reasoning)。表述式推理,顾名思义,也就是用来判断一个给定命题正确或错误的认知工具。表述式推理通过演绎和归纳两种方法进行,在当今的商业世界中,这两种方法统治教育领域,也支配着人们的言辞。

演绎推理(deductive logic)是判断事物应该是什么样子的推理,一般来说,这是我们大多数人学会的第一种推理模式。这种模式需要建立起一个框架,然后把这个框架应用在具体问题上。例如在生物课上,我们知道了哺乳动物是一种温血脊椎动物,通过胎生繁衍后代。当老师问我们熊是否是哺乳动物时,我们就用演绎逻辑来检验这个命题的真实性。小熊出生是通过胎生的吗?符合;那么他们是温血恒温吗?符合。这两个条件都能满足,因此,我们可以断定熊是哺乳动物。

现在,我们再用演绎推理来检验下"蛇是哺乳动物"这个命题。蛇是胎生吗?不是,蛇是卵生动物;蛇是温血动物么?不是。因此我们可以断定蛇不是哺乳动物。那么鸟类呢?它们只符合模式的一部分,也就是体温恒定;但是不符合模式的另一部分,因为鸟类是卵生动物。因此我们可以断定鸟类不是哺乳动物。

我们大家学过的另一种推理类型是归纳推理(inductive logic),这是一种非常有效而且易操作的方法。首先,它从经验回顾中推出一般规则,然后再判断命题正确与否。例如,每天早晨我们都看到太阳从东方而不是西方升起,根据大多数的观测情况,我们便可以确定太阳总是从东方升起。这就是归纳。许多人在商业学校里学到的市场调查法是归纳推理的另一种应用。如果抽取一定数量(从统计学上来看,该数量必须能说明问题,具有调查意义)的消费者对他们进行提问,我们就可以从绝大多数的调查数据中得出结论,知道消费者想要什么产品。

随着正规教育的推广,许多人开始学习使用演绎和归纳推理中更加高深复杂的方法,这些方法也都属于表述式推理用来判定一个命题正确与否的工具。模式推理——另一种和演绎与归纳同样有用的推理形式,我们却几乎没有学过。这种推理利用逻辑方法来探究哪些事物有可能是正确的,整合思维者以此种方法推论事物可能存在的情况——甚至是根本就不存在的模式,然后形成创造性的解决方案。

模式推理运用了演绎和归纳两种推理方法,但还需要第三种形式的推理方法。查尔斯·桑德斯·皮尔斯把这种推理方法称为外展推理(abductive logic)。他借助这个概念,解释了在探究所谓的"理论的发明性建设"[4]过程中用到的推理方法。在皮尔斯看来,在解释新模式究竟是如何形成的问题上,演绎推理和归纳推理都不能使人满意:演绎推理需要一个原有的理论或一个能够以之为基础进行推理的模式;而归纳推理则力求在重复再三的经验和观察中获得推论。可是他认为,发明却需要一种产生思想飞跃的推理。

实际上,外展推理是在寻求一种最佳解释——也就是说,外展推理试图为那些不适用于现有模式的新奇有趣的数据创造一个最佳模式。随着时间的推移,演绎推理或归纳推理或许能够验证这个模式正确与否,可在验证之前的中间时期,外展推理则可以为数据提供一个最佳解释。这就是为什么我把运用外展推理的过程称为"创成式推理"。这个过程探究事物可能是什么,因而从目的上来说,它只是模态的。这个过程运用外展推理来实现飞跃,超越现有数据,创造崭新模式。

商业圈是外展推理生长的肥沃土壤。商业经理人、管理理论家吉姆·马奇和他的同事发现,他们经常只能获得一些有限的数据点,却要以此为据作出许多重要的商业决定。马奇举了一个例子:一家销售业绩欠佳、始终不对市场路数的公司,决定增加它在创新领域的投资回报率。可是由于公司在创新领域的业绩寥寥,要确定适合公司发展的最佳创新模式,公司经理甚至都没有足够的数据点来进行总结归纳。而且,缺乏既有的、良好的创新模式,公司也无法推论出某条既定的创新发展路线是否稳健可靠。在迫切需要通过创成式推理实现企业飞跃的众多难题中,这种现象仅是普通之一。[5]

其实,西方教育也并非从未教授过模式推理和外展推理。一些设计学院让学生去调查用户们被忽略的需求,随后进行创作来填补这些需求。可是,几乎所有学习商业或者其他运用左半脑思考的学科(也就是说那些具有高度推理性、定量性质以及方法性很强的学科)的学生,在接受教育期间,却根本没有学习过创成式推理。

在同事们对创成式推理还持怀疑态度的时候,整合思维者毫不犹豫地接受了它。他们相信,从概念上来说,这种推理是完全合理的,而从实际来看,在寻求创造性解决方案的过程中,这也是唯一适用的工具。实验和错误在创造性解决方案的探索过程中不可避免,创成式推理使这一切都变得容易起来。当整合思维者通过几个不同的原型和几次迭代得到创造性方案时,他们再运用创成式推理从解决方案、架构、因果关系到凸显因素一路返回去验证——记住哦,创成式推理的原材料可是根本不存在的。大型企业可能还没有把创成式推理当做一种合理的方案寻求模式,但是它们却依赖于此来保持竞争优势。

在 CIDA 城市校园这个问题上,布莱契的推理也完全是创成式的。跟所有观察者一样,他看到了黑人在南非占压倒性的大多数,他们贫苦艰难、缺乏教育、意气消沉。而他也看到了别人没有看到的问题:如果赋予这些年轻黑人适当的条件,他们也会成功发展、飞黄腾达。只要伸出援助之手,他们就可以逃离原本绝望无助的困境;接下来,他们也会向身后的社区伸出援手,这样就可以在南非的社会中形成积极的影响,带来显著的变化。布莱契还看到,印度、中国等其他低收入国家已经取得了社会和经济发展的巨大进步,所以南非没有理由做不到。他还看到,南非的企业家们在曾经贫穷荒凉的地方创造出了财富和机遇。作为一位整合思维者，布莱契运用外展推理，在这些迥异的数据点中勾画出一种模式。

“贫穷不会通过施舍穷人而改变，”布莱契说道，“改变贫穷是要通过教人们如何创造财富、通过企业家精神，让他们学会如何自我救助。现在我们做的不仅仅是创建一所大学，真正要做的是帮助他们点燃生存的希望。”

实际上，无论是把这所大学的发展愿景作为人生目标，还是把这所大学作为实现目标的一种方式，布莱契都没有足够的数据。他无法预先证实这个愿景正确与否，也不能从现有的理论和数据中进行推断或归纳。他能做的就是通过思想的飞跃，推断出事情可能会如何发展。下面我们来看看实践中的推理是什么样子的。

创成式推理的艺术性和科学性

在罗特曼管理学院时，我和同事教 MBA 学生和企业管理人员如何进行创成式推理。同时引导他们透过事物现象观察，并从不符合现有模式的数据背后探求本质，然后让他们根据这些洞察到的本质去设想模式。除此以外，我们还教给他们如何在每次迭代过程中，通过收集更多信息创造构思模式并加以修饰改造。由于他们在学校中学的都是演绎推理和归纳推理，而且把这两种推理看做是唯一合法的推理模式，因此，对于他们来说，活动活动陌生的外展逻辑肌肉，不但痛苦可怕，还有些许侵犯和背叛的性质。但是，他们逐渐领悟到，创成式推理不仅不像认为的那样会毁掉我们的生活，相反，它还为我们带来许多新的机遇。这的确令人欣喜。

在给企业管理人员上课时，我们把他们目前生意中面临的困境拿到课堂来作模式思考。有一组管理人员最近刚刚加入，他们来自美发行业，迫切想要提高他们公司美发定型产品的市场份额。一天傍晚，我们安排他们到一家美发厅去，观察那里几位接受发型设计的女顾客。接着，第二天一早，他们又对女士们进行了细致的采访。

这项练习的目的是使这些管理人员能够更深入地理解一个问题，即女士们对自己的美发经历有何体验、作何感想。我们还特别强调——不希望他们收集一大堆抽样数据，只要求他们能够通过理解，设计出一些新办法来满足这些女士的消费需求。换句话说，我们要求他们根据自己的理解回推出"最佳解释"——在这个案例中，最佳解释是指一件比市场上以往任何产品都能更好地满足客户需求的新产品。我们一起研究，共同设定模式，然后不断地改进提高，直到这些新产品可以拿到市场上、让目标客户——也就是美发厅里的女士们——充分感受和检验。

MBA 学生则只能在各大公司和非营利组织面临的各类难题中磨炼他们的外展推理技巧。跟上述美发行业的管理人员一样，MBA 学生开始就进行了一系列练习，提高自己对某一种产品或服务的用户的了解。接着，我们让他们根据理解设计出新方法来回馈客户，并最终从概念上完成新产品和新服务的相关模式。

无论是 MBA 学生，还是久经商场、经验丰富的管理者，都在练习的过程中表现出慌乱。他们彼此交流对世界的确定看法，对于演绎推理和归纳推理这两种证实世界确定性的常用工具，他们分享着使用工具的心得和体会。而刻意寻找数据来颠覆自己的确定看法，让大家感觉局促不安。然而，随着思想和意识不断得到锻炼，当再次面对冲突数据时，他们变得不再那么据理力争；相反，面对自己发现的这些新奇特殊的数据，他们会更加迫切地从中开创出新东西。曾经的威胁已然变成一种令人欣喜振奋的游戏，不是吗？

建立因果模式

整合思维者使用的第二种工具便是建立因果模式，这在布莱契的案例中出现过。对于因果关系和架构——整合思维过程中的两个步骤来说，建立复杂的因果模式是个至关重要的基础。记得吗，在因果关系这个环节中，整合思维者必须对凸显变量之间的非线性和多向性因果联系予以充分考虑。在下一个环节——架构中，整合思维者在研究解决方案的个别部分时，必须要在头脑中始终保持因果关系连锁结构的全貌。

要建立复杂的模式，首先我们要自觉学习使用工具。而在建立基本模式的过程中，则不必如此。毕竟，我们天生就擅长建立模式，与生俱来的“出厂设置”使我们能够根据经历的“结构”建立心理模式。“对于模式建立与否，你根本没有选择，”麻省理工学院斯隆管理学院（MIT Sloan School of Management）教授、系统动力学界的领军思想家约翰·斯特曼（John Sterman）说，“唯一的问题就是选择哪种模式。大多数时候，你根本意识不到自己用了哪种工具得出了哪种模式。”[6]而整合思维者与我们普通人最不同的地方，就在于他们在建造模式时是有意识地选择工具。

对建立因果模式来说，有两种形式的因果关系非常重要。第一种便是决定论因果关系，指在一定条件下，x 引起 y。比如说：如果我们的产品定价比我们竞争者的价钱低十倍，即 x，则我们的市场份额将增加，这个结果就是 y。

我们需要了解的第二种因果关系是目的论因果关系，即询问 y 发生的目的是什么，或者是我们为什么要使 y 发生？比如说，你是某家公司的首席执行官，希望提高公司的市场份额以扩大销售量，并最终增加公司利润。在建立因果模式的过程中，是决定论和目的论两种因果关系连接起从事物本身通往所期望的最终状态之间的道路。决定论因果关系指的是方式，即我们怎样知道“如果按下这个按钮，就可以关闭核反应堆。”而目的论因果关系是指程序——凭借这个程序我们懂得“如果想关闭核反应堆，就应按下按钮”。如果关闭核反应堆的愿望最终促使我们按下了按钮，我们就是运用了“决定论”最终实现了“目的论”——如果想把目前的状况（一个热反应堆）改变为我们期望的最终状态（冷却的反应堆），我们就要按照一个已知的决定论因果关系链来达到这个目的。

再说布莱契，他面临的现状是一群年轻黑人丧失受教育的权利、生活贫困，而且几乎看不到任何机遇和希望。而布莱契希望他们达到的最终状态是，他们能够自尊自力。作为一名整合思维者，布莱契的任务就是建立一个因果模式，把年轻黑人的现状改变为他希望的最终状态。

在这里，布莱契预想的决定论因果关系是传授给学生们所需的工具，使他们能够更好地理解身边的世界进而为之作出贡献。布莱契解释说："这个过程的确可以在学生们心中建立起一种强大的主人翁意识和自我信念。"但是，要这种决定论因果关系起作用，还需要满足一系列严格的特定条件。布莱契说，"这种因果关系要求一种非常特殊的教育—— 一种极其宽厚、博爱而又包容整体的教育。这种教育确实能够给予学生机会，让他们完全改变对自我的认识。"

布莱契建立起一种具体的因果模式，在规划 CIDA 城市校园的过程中，这种模式贯穿了他的整个思路和全部行动。对于一名想象事物可能情况的整合思维者来说，布莱契面临的挑战就是如何把这种因果模式具体化、现实化，使其既具有一定深度，又足够细致，才能使自己的愿景在现实世界中牢固不破并持续下去。当面临这个挑战时，有一种工具能够改进我们的因果模式，即众所周知的系统动力学。

系统动力学是美国麻省理工学院（MIT）杰伊·福里斯特（Jay Forrester）教授在 20 世纪 60 年代早期提出的关于描绘复杂系统活动的理论。他借用工程领域的整套工具于商业世界中。[7]系统动力学认为，我们的决定所带来的结果常常令人失望，这是因为我们忽略了其中重要的因果关系，或者是因为我们错误理解了因果关系——把实际上非线性和多向性的因果关系看做是线性和单向性的。

系统动力学关注的重点之一是某种因果关系，即能够促进变量之间关系的多向性反馈回路。看看下面这个例子：对于酒店开发商们来说，最令他们沮丧的就是，当他们在酒店入住率较高的市场新开一家酒店时，却由于新酒店增加了当地市场的容纳能力而造成房费下跌。常见的管理对策是削减成本和房价，但是这一举措通常会破坏酒店的优良形象，然后进一步导致入住率和利润率下滑。随后引发新一轮的成本—价格大削减，继而是入住率和利润率的持续下跌。长此以往，削减成本—价格和入住率—利润率的下跌会以更快的频率交替，直至新酒店破产。

系统动力学专家把这种现象称为加速反馈回路。一个人如果不具备想象非线性、多向性因果关系的能力，他就无法准确而巧妙地建立起动态模式。

在系统动力工具的帮助下，整合思维者能够在创建模式的过程中考虑到复杂的因果回路，而且在他们创造的模式中，事物是以整体的形式出现的，而不是分裂成许多的独立元件。事实上，在系统动力学中，我们必须时刻具有整体概念，这样才能捕捉进而理解所有相关的因果反馈回路。

布莱契创建 CIDA 城市校园的过程中，也运用到了这种反馈回路。这个自给自足、自生自力的大学社区以学生为主体进行商业运作，并借此为学校提供资源。在布莱契看来，这是教育与商业之间的反馈回路。此外，学生们从他们各自居住的社区“认养”30 名高中生，这是另外一种反馈回路形式。最后，布莱契“从零开始、创造一切”的做法是运用到的第三种加速反馈回路，在这种反馈回路中，布莱契利用有限资源创造出更多资源，随后这些资源进而带来更多更多的资源。正如那个寓言所说，布莱契成功地“煮好了一锅石头汤”。

建立因果模式与创成式推理联合起来，就可以形成整合思维者最强有力的武器。创成式推理通过充分考虑与现有模式不相称的数据，力求为这些数据建立新模式。根据乔治·拉科夫（George Lakoff）和马克·

约翰逊（Mark Johnson）的说法，建立新模式时用到的工具就叫做“辐向式比喻”（radial metaphors），也就是通过设计出一种比喻然后围绕这个比喻建造模式的方法。[8]举例来说，人们在描述一个商业机构时通常会运用几个不同的比喻方法，可以把商业机构比做一支体育队：雇员就是体育队的运动员，商业竞争就是体育比赛，企业客户就是观看比赛的观众。另外一个常用的比喻是把它比做家庭：公司的高级主管就是家庭里的父母，雇员是子女，而企业的任务就是哺育、抚养子女，企业的资源就是家庭中的温情和关爱，资源的配置则以子女的行为为基础，表现良好的子女可以获得更多的资源。还有一些其他的比喻，例如把机构比做军队，比做市场或者比做生态系统等。

辐向式比喻这个工具可以从两个方面帮助整合思维者。首先，它能帮助整合思维者在看待眼前问题时，采取一种更加有利于建立新模式的方法。从这方面来说，我们在整本书的前半部分所讨论的所有工具里，辐向式比喻是其中一个有效的工具。

除此以外，辐向式比喻还有利于打造整合思维者重要的认知技巧，即他们钻研某问题的个别部分时，仍能顾全大局，保持整体性思维。对于整合思维来说，这项技巧十分关键，而辐向式比喻在培养这种技巧中所起的作用是宝贵的、不可或缺的。

创建 CIDA 城市校园时，布莱契运用的辐向式比喻是把机构比做一个大家庭：学校是一位充满关爱的家长，而学生就是在家长的呵护关爱下茁壮成长的子女。布莱契心里非常清楚温情和关爱在自己规划的教育中所起到的作用。但是，他也知道关爱和纪律总是形影不离的。如果学生们希望继续得到学校的关爱和培养，那么他们必须遵守学校的规定。

“布莱契创建学校”这个因果模式可以从三个层次来看。最基础的层面，是目的论因果关系和决定论因果关系的结合（通过教育，年轻人可以获得期望的希望和自我价值);在第二个层面上,布莱契充分利用了快乐、上进、成功的学生们与他们居住、工作和社交的社区之间的反馈效应建立了一个动态系统;第三个层面就是把 CIDA 城市校园这个机构比作一个大家庭的辐向式比喻。

通过这三个层次研究因果模式,布莱契获得了其他观察者无法获得的认识,而且运用他的认识建立起一个全新的模式,解决了眼前的教育困境。建立在以上三个层次上的模式使布莱契看到了较为复杂的关系——相关变量之间的基本因果关系,而最终让他即使在处理个别问题的时候,也能够在脑海中保持事物的全貌,保持思维的整体性。

在罗特曼管理学院,我们同时从建立因果模式的三个方面对学生进行训练。最简单的练习就是让学生逆向设计自己的模式。首先,我们让他们挑选一个信念(好成绩可以让你找到好工作)或者一种惯例(每周五早晨召开小组例会);然后,让他们把支撑这个信念或惯例的因果推理分解、细化。这个过程使他们认识到,自己是如何在意识不到的情况下建立因果模式的。不但如此,这个过程还表明,如果我们对建立因果模式的认识越明确、越有意识地对其加以运用的话,我们越能够改进它。

经过一段时间的训练,我们开始进行访谈—— 一个人询问另一个人以理解支撑某个信念或惯例的因果模式。在这项练习中,一方要对另一方得出某一特定结论时所遵循的逻辑进行充分思考,很多学生都认为这具有很大的挑战性。比如,一位学生采访同组的女生,了解她为什么在距婚礼只有几个礼拜的时候忽然决定解除婚约。一开始,在想象这位女生的因果模式时,问方试图以那些易于描述的务实、功利的方面为出发点,比如彼此的职业发展不相适应,或是他们想在不同的城市中工作。

但在与这位女生探讨模式的过程中,问方很快就意识到,事先建立的模式根本没有给予问题一个全面而可信的理由:他的模式没有把强大的感情影响考虑在内。在一个人作出解除婚约的决定时,与其他任何实际的考虑相比，感情因素至少会发挥同样强大的作用。

通过这些访谈训练，我们还得出了最重要的启示：要建立一个充分考虑人为因素及其愿望的因果模式是非常困难的。这对学生能力的要求非常严格——他们需要全面考虑凸显因素，需要理解复杂的因果关系，还需要在单独训练某一具体方面时保持整体性意识。

教员们希望通过这些练习达到以下三个目标：第一，希望学生们把自己当做能够有意识建立因果模式的思维者；第二，希望他们明白，当他们更加有意识地建立模式、使用模式时，模式会积蓄更大的能力和效力；最后，希望他们能够练习使用系统动力法、辐向式比喻等技巧，以建立更加复杂的因果模式。

积极质询

整合思维者使用的第三个重要工具就是积极质询，他们以此探寻两种截然相反的模式，尤其是与自我模式相悖的模式。

当与别人在某种心理模式的基础上进行互动时，我们通常会努力维护自己的模式，以防他人质疑和对抗。我们总是费很大气力向别人解释自己的模式，反对各种批评。在逃避批评、反对质疑中，虽然对自己模式的理解会更加深刻，但是却无法从他人的模式中学到任何东西。实际上，这种防御的态度绝对不利于我们了解任何与自我模式相悖的模式。结果，当自己的心理模式与他人的心理模式发生冲突时，我们无法发现任何线索，也找不到创造性的解决方案。

矫正这种辩护的办法就是质询，质询会带来意义深刻的对话和结果。当你用积极质询去调查他人的心理模式时，你会发现自己没有遇见过的凸显问题或没有注意到的因果关系。或许你不想采纳他的心理模式，可是，即使最不令人信服的模式也会提供一些凸显问题或因果关系的线索，使我们能够找到创造性的解决方案。

积极质询的目的不是唇枪舌剑、你红我白，因为这种方法既不是为了提出导向性问题（“你不认为……？”），也不是为了打击质疑（“难道你不赞同……？”）积极质询是对另一方观点的真诚探求（“请问，您是否可以给我讲一下您在这个问题上是怎么看的？”），是为了跨越理解的鸿沟（“您能否用个说明或例子来阐述这一点？”），是为了在两个矛盾模式中寻求共识（如果您说的内容与我的建议存在重叠，那么是在什么地方呢？）。

积极质询并非一种质疑形式，它有所针对，目的明确。它探索自己的模式和对方模式的基础依据，目标就是要了解他人模式中隐含的凸显数据和因果关系，然后运用获得的理解和认识为双方相互冲突的模式提出创造性的解决方案。

积极质询还能够促进创成式推理和建立因果模式：它通过把彼此冲突的模式分解成细小部分，然后再重组为优于两个原先矛盾模式的新形式，使创成式推理发挥作用；它还能通过激发更多思维、探索矛盾模式之间的决定论和目的论因果关系，从而产生更稳固的因果模式。

我跟同事们尽力去感染学生，试图使他们对别人的心理模式同样产生兴趣。可是，也有一些学生并不那么热衷。在他们看来，彼此矛盾的模式似乎总是而且仅仅意味着冲突、伤害和误解。所以，我们的任务就是帮助他们抛开矛盾模式带来的种种不愉快经历，令他们相信能够在矛盾中创造出积极方面，能够对一个富有价值的创造性解决方案有所贡献。

我们还教授学生在面对冲突模式时应如何开始并积极参与一个有益的对话。在教授这一点时，采用的方法是“个人案例法”，技巧主要来源于哈佛商学院名誉教授、企业学习文化领域的领先理论家克里斯·阿吉里斯（Chris Argyris）的理论方法。[9]课堂上，让每位学生回忆一次与他人的会面，这次会面一定要观点交锋、立场相左，而且结果——从他们自己的角度来看——务必糟糕透顶、不欢而散。也就是说，比起学生本人在两人交涉之前预期的结局来说，会差很多。如果这场会面仅在别人看来是个失败的话，那么学生本人对失败的感觉未必深刻（例如：我胜利了，但他们却把这看做失败），也就不会从中吸取什么经验教训了。

首先，让学生用一两段话说明一下会面的初始目的；然后，再用一两段话说明他们原本希望通过会面达到怎样的效果和怎样达到这个效果；随后，又让他们按照自己的回忆，记录下会面过程中的实际谈话，最后以剧本形式重现出来。

我们让他们把对话在页面的右边展示出来。而左边，要求他们写出关于对话本身的一些即时评论，也就是当时他们心里想了却没说出口的内容。练习的最终，让每人根据会面的结果写一点感想。

随后我们就把学生分成小组，对每个案例讨论了大约一个小时。这样做的目的是帮助学生发现会面过程中的错误，剖析他们本人又是如何在无意识的状态下把事情推向悖于初衷的方向，以及判断他们当时应怎样以一种更加积极有效的方式来应对模式冲突。我们希望通过练习，使学生们更好地理解怎样从直观数据得出高级结论，以及如何达成创造性的解决方案，而不是争吵得面红耳赤却又竹篮打水一场空。下面看看一位 MBA 学生的真实案例，案例中的姓名及任何识别性信息均为化名。（请看“一次失败的沟通”。）

一次失败的沟通

以下个人案例的作者是 MBA 学生菲利普（Philip），他向我们描述了他所经历的一次痛苦冲突。这次谈话中，包括菲利普在内的每一位谈话者，都固执地恪守自己的模式，可是，最终的结局却与菲利普所期望的大相径庭。

会面的目的

大学一毕业，我就和两个朋友共同成立了一家小型网络咨询公司。他俩的境况和我差不多，都刚刚取得学位、走出校门。会面大约发生在我们的公司成立一年以后。那时公司的确赚了一些钱，使我们三人能够维持生活。从这方面来说，我们做得似乎还不错。然而，我们都感觉到，在过去几个月中，公司的发展几乎停滞。最初成立公司时立下的雄心壮志似乎逐渐淡忘，业务也没有当时想象的那么红火兴旺。现在，开公司似乎仅仅是一种生活方式，满足我们生活的需求，而且只是很普通、很一般的需求。

我们把现在的停滞不前归咎于这样一个事实——三人没有正式划分公司所有权。当时注册时，公司是以三人中的一人，丹尼斯(Dennis)的名字注册为独资经营企业的。也就是说，他个人承担公司的全部责任，所以他不愿意冒险或采取任何比较大的动作。而为了公司的发展，我和阿伦(Aaron)却非常希望这么做。相反，在公司成立之初，为使公司站稳脚跟、有个良好的基础，我和阿伦拼命工作。可是现在，我俩都不知道，在努力取得的成功中我们是否会分得一杯羹。所以在这个问题确定之前，我和阿伦都不愿意再全力以赴地推动公司发展壮大了。

这次会面的目的就是建立公司所有权的比例，使我们能够继续为之拼搏效力。

我想达到什么目的以及我会如何去做

我也承认，丹尼斯很出色而且才华横溢，是他当时迈出第一步成立了这个公司。因此结果就是，在公司所有权正式确立之时，他在三人中能够第一个成为公司所有者，享有公司所有权益。然而，在我看来，公司实际上是三人共担风险，因此我希望公司所有权能够体现出这一点——比如丹尼斯、我和阿伦可以按照 40/30/30 的比例（或至少与此接近）划分所有权。

我希望通过向丹尼斯解释我自己的推理和观点，最终达到这种结果。而且我认为，迄今我们三人所表现出的技能、投入的时间和付出的精力都能够证明我们三人实质上是平等的。如果我们不能确立这一点，公司就不会再继续向前发展。

我没说出口的想法和感觉	我实际的说法和做法
	我：今天，我们要解决的最主要问题就是，采用哪一种权益划分方式：一种是一人与另外两人之间有显著的区别，另一种是三人基本平等，但是在后一种方式中，我们的比例可以根据不同的技能或其他贡献有所区别，你说呢？
的确，丹尼斯，你很有才华，但是你明白一些好不好？你没比我们优秀多少啊！而且，在你上学最后那一年，是我在维持公司啊！	丹尼斯：我感觉，似乎到现在为止我的贡献已经可以保证我跟你们两人对公司拥有不同的控制权。而且，就像现在的情况，我对公司完全控制。那么到底为何要改变现有局面呢？我为什么要从自己能够控制公司改变为不能控制公司呢？如果你们俩决定联合反对我，那我怎么办呢？
	我：对于你说的对公司贡献这一点，我不同意。我认为，为了公司我们每人都付出了很多，谁也不比另外两人多出多少。至于失去公司控制权，替我们考虑一下吧——实际上，现在阿伦和我才是这样呢，甚至更糟糕，只有一种情况，就是我们俩人被你算计！

（续表）

你总觉得自己好像是什么了不起的“特殊人物”，是吧？我知道你是个控制狂，现在我看出你有多大能耐和气度了！	丹尼斯：你这么说，我也无动于衷。反正现在我是老板，我认为值不值得做才是最终的决定。不管你和阿伦是否接受现在的局面，那是你们自己的事——我不认为这是我的事情。
	我：现在公司处于发展的关键时刻：我们比以前多承担一些风险，就有可能获得更多的回报。如果我们取得很大的收益，我希望得到我那一份。但是现在的关键问题是，公司下一步会如何发展。我认为公司进一步发展需要我的才能，但是如果到头来我得到的权益令我无法接受，我是不会考虑再为公司发展出力的。
丹尼斯，你这笨蛋！你真的这么想吗？这只是你的谈判策略呢，还是你已经自负得忘乎所以了？阿伦，你这蠢货！难道你不明白我也是为了你么？哦，我明白了，你在担心下个月的房租！你这靠不住的家伙！一点勇气和魄力都没有！	丹尼斯：我不同意——我认为，如果公司没有你说的那种权益划分，照样可以发展。更何况那种划分还会让我失去对公司的控制权。 阿伦：我认为已经很清楚了，丹尼斯不想改变现在的状态。我没什么。如果他想这样，那就这样吧。
	我：以这样一个结果，我不认为公司会有长久的未来，看来我也得为自己考虑一下了，我得看看别的地方是否有更好的机会。

关注的问题

这次会面一个月之后，我接受了一份在另一座城市大型 IT 企业的新工作。丹尼斯和阿伦继续着他们的网络咨询业务。三年后，丹尼斯进入一所商学院进修 MBA 课程，阿伦也决定探索其他兴趣而不再继续做这一行当，公司也就关闭了。公司的客户名单卖给了其他公司，丹尼斯和阿伦都从中大赚了一笔。在这三年之内，除了新招入几名员工之外，公司并没有增长到起初我们设想的规模。

现在我关心的问题是：实际上，我只不过关心自己的个人利益，而几乎没想过从别人那里获取任何东西，那我究竟应该以什么办法处理这种情况，才能使其他人明白我的处境，能够理解我的言行不过是以自我利益为方向？丹尼斯成功获得了（或者至少说是保留着）对公司的全部控制，虽然规模小但那也是全部。当面对这种想法时，我应该怎么做？难道直到现在我对这件事情的想法还是根本错误的？

从这次交谈中我们不难看出，菲利普对冲突模式的厌恶情绪是如何逐渐升级的。照他所叙述的这样一次会面，根本不可能使人有信心为冲突模式找到建设性的解决方案。

菲利普认为，是因为丹尼斯始终不认为目前的状况有任何不妥，而且坚信没有必要改变，最终他达到了自己的目的。"对于这种想法，我又能怎么做？"菲利普哀怨无助地问道。

菲利普的话或许是个反问句，但并非没有答案：那就是出现矛盾模式的时候，不要一味地争论辩护，要试试其他的办法。注意到了么，菲利普和丹尼斯两人都没有去探究、质询对方的模式。（丹尼斯的两个反问句——"那么我到底为何要改变现有的这种局面呢？我为什么要从自己能够控制公司改变为不能控制公司呢？"和"如果你们俩决定联合反对我，那我怎么办呢？"——间接拒绝没有给质询留任何机会。）每个人都在一遍又一遍地宣扬自己模式的优点，而对冲突模式中的逻辑几乎没有任何兴趣。

菲利普和丹尼斯两人都是技巧高超的辩护者,他们绝对称得上是西方传统教育下的杰出作品。两人都强有力地维护自己的模式,把获得对方对自己模式的认同当做第一要务。如若失败,要么就变本加厉地宣扬辩护,要么就按照自己的理解转而对别人的模式大加批判。他们给彼此的感觉就是,根本没有兴趣去考虑和理解对方思想中包含的所有问题、设想以及凸显数据。

在这个重现的对话中,由于同时包含菲利普自己的一些内心活动,所以我们很容易看出他的情绪是如何从激动一步步走向失控的。我们还可以看到,在几分钟之内,菲利普对丹尼斯的评定就从最初的"有才华"到"控制狂",最后到"笨蛋"。在对话框右边一栏中,菲利普的语言更加煽情激动("我是不会考虑再为公司发展出力的。"),态度也更加极端("看来我也得为自己考虑一下了"),其中的愤怒可见一斑。于是,唇枪舌剑的辩护刺激了对方的反应,对方的反应点燃了更大的怒火,怒火进而激起更加猛烈的辩护和加倍的愤怒,如此如此,恶性循环便加速形成了。

由于两人谁都没有积极主动地了解对方的想法,因而他们即使冲突也不可能获得创造性的解决方案。要达成创造性的解决方案,至少需要对话中的一方认识到额外的凸显数据并察觉到更多或者不同的因果关系。而对自己模式反复不断、逐渐激烈的辩护既不能增加凸显数据,也不会使因果关系更加复杂,更不会帮你形成一个整体架构,它只会破坏达成创造性解决方案所需的必要条件。

在这里,积极质询是帮助打破僵局的有力工具。如果一开始丹尼斯用类似这样的话来回答菲利普——"我理解你,你感到在公司的利润分配上你得到的太少,那你考虑过公司管理权的问题吗?你觉得自己在公司业务上的权限太少吗,还是仅仅指利润方面?"——那他们的谈话一定会非常不一样。同样,如果对于丹尼斯的最初反应,菲利普这样回答:

“我理解管理权对你来说非常重要，我想问你两个问题，第一，如果我没理解错的话，你是否也认为我在公司的分红比例太小？第二，关于与我和阿伦分配控制权的问题，你可以跟我说一下你的想法吗？”情况也一定会有很大的转变。这样的两种应对也包含辩护的成分——只不过包含在对对方观点的复述中——菲利普可以用积极质询去探究丹尼斯的模式构成基础，也就是丹尼斯模式中的凸显数据和因果关系。

上面这种质询方法对于菲利普来说非常宝贵：首先，它开拓出一个新局面，挖掘出大量的凸显数据和因果关系，为菲利普所用，帮他寻找创造性解决方案；其次，尽管菲利普与丹尼斯观点相左，但这样的质询可以表现出对丹尼斯观点的浓厚兴趣；不仅如此，还可以引导丹尼斯反过来顾及菲利普的想法，丹尼斯的质询又可以推动两人对创造性解决方案的探求。

实际上，为目前这个冲突寻找一个创造性解决方案并不需要费太多气力。菲利普主要关注的不过是增加自己在公司利润中的分红，而丹尼斯则想保留对公司的掌控权。因而，他们可以采用具有不同表决权的股份结构，这样丹尼斯仍然持有大部分的决定权，同时还可以增加菲利普在公司股权中的比例。如果两人都不是紧盯着自己的模式，不那么一个劲儿地捍卫自己模式的合理性，或许他们早就轻而易举地找到了问题的解决方案。

个人案例法让学生们明白，积极质询这种工具能够让他们放弃“为辩论而辩论”的做法，帮他们走出死胡同。通过结合使用辩论和质询两种方法，学生们懂得如何给自己思辨的头脑一个机会，从表面上看似无路可走的冲突矛盾中寻找到建设性的解决方案。积极质询这类工具带给整合思维者更多力量，使他们在纷纭的世界中更加稳固地坚持自己的立场。而我们在最后一章要谈的经验，则教给整合思维者如何更加精确、准确和持久地利用这些工具。

第八章 经验的宝藏
——盘点过去，开创未来

我一直在做力所不能及的事情，那是为了学会如何去做。

——帕布罗·毕加索
(Pablo Picasso)

结束了与雷富礼长达八个小时的访谈，我深深折服于他对自己经历思考之细致和利用之巧妙。[1]从最初运营美国海军零售福利店，到2000年开始管理宝洁。我与他共同回顾了他过去33年中所作的各项重大决策。我非常欣赏雷富礼处理、利用自己经历的方式。也正是由于他这么做，才最终成为独特的整合思维者。而他最出色的地方在于——既能利用自己的经历加强对事物的把握能力，也能从中培养创新能力，而决不是顾此失彼。

雷富礼的管理生涯始于1972年，那时他就职于美国海军。当时，美国军队系统刚刚经历了某个闻名遐迩的突发事件。雷富礼就从那时开始经营东京南面的厚木海军基地海军合作社（Atsugi Naval Base Naval Exchange）——“合作社”是当时的一个代名词，专指为全世界海军基地提供服务的零售店。

当时雷富礼刚到基地，合作社的经理身患心脏病，而接任职位的经理助理又被调往美国另一个较大的合作社。几乎就是突然间，用他自己的话说就是—— 一个几乎没有任何商业知识或经验的“24 岁毛头小伙子”——开始管理这家基地的零售店。合作社为整个基地的几千口人提供服务，除此以外，在大东京区就职的美国军事人员也爱来这里购物。

尽管缺乏管理合作社的工具和经验，但是年轻的雷富礼却凭借乐观积极的态度，努力把社里的业务开展起来。他深入了解顾客，试图全面知晓他们的身份和购物动机。他发现，当来东京的船员们要离开的时候，大多想买照相机和立体音响，但常常是他们走进合作社后经过店员的一番说服，却最终买了香水。他还发现，基地的住家一般都是首选日用品，而非奢侈品。而游客们却恰恰相反。

每次顾客们在合作社购物时都需要出示军官证，所以他可以收集这部分信息，看看哪部分人群经常以怎样的价位购买什么样的商品，进而他可以进行分类并调整定价。当回忆起这些时，他看上去仍然十分兴奋。收集并利用这些先前没有关注的数据，用他的话说就是，“这些数据给了我们一个奇迹。”

雷富礼有意识地去积累这些经验，仅仅因为他想加强自己在零售方面的技巧和能力。系统地收集数据，然后加以利用，这样就可以对业务运作进行安排和计划，而最终达到想要的结果。当开展特价促销活动时，他希望能够预测到促销的效果。当航空母舰的船员们休登岸假期的时候，他还会在店里为这一部分客户群准备好他们需要的商品。在一次次架构客户、锁定客户群、计划安排的经历中，雷富礼逐渐对合作社的运营环境有了深入的了解，而且自己预想达到的销售效果也能够比较有效地实现。换句话说，他总是有意识地积累所需经验，培养自己的能力。

雷富礼在计划、组织、消化数据、加强掌控能力的同时，也同样努力开发自己的创新能力。这在他的促销决策中卓然可见。

雷富礼合作社里的大部分商品都是常见的美国品牌，在全世界任何一家零售店里都看得到。但合作社经理是可以储备一小部分地方产品的。大多数像雷富礼这样的经理都把“地方产品”看做是东京周围地区生产的产品。而在雷富礼的脑中，“地方”却也包括大多数远东地区。他听说，基地这边的飞行员有时会把很多货物空运到越南胡志明市(Saigon)，然后空着飞机返回基地。因而他就尽力说服了飞行员，从越南他知道的某个工厂给他捎回满满一机舱的瓷制大象。

随后，雷富礼在整个基地散发传单，对刚刚到货的陶瓷象进行宣传，而且还摆放在合作社旁边的足球场地上展示。第二天一早，合作社刚开门营业时，顾客已经提前排队两个小时。隔离店铺的绳子一放开，顾客就蜂拥而入。短短几分钟内，雷富礼的陶瓷象就被抢购一空。“这太不可思议了！”现在回忆起这些来，他还会歪着嘴巴咯咯直笑，“人们冲进来，然后奋不顾身地挤向柜台，他们简直疯了！”

还有一次，雷富礼从一位合作社经理处得到信息，由于1973年石油输出国组织（OPEC）抬高油价，汽油价格即将猛涨。因此，雷富礼征用了油罐场内所有长期闲置的储油罐，并以免费啤酒作为交换，让工程部队的士兵们帮助他彻底清理油罐内的淤泥。然后，他大力收购汽油，买进所有可以购买的汽油。当汽油价格最终真正上涨时，他连续几个月都按照低于市场价的价格出售汽油，保证并促进了基地客户的交通。说起那次投机经历，雷富礼说那是因为“抓准了机遇”。

雷富礼在这些经历中一次次锤炼着自己的创新能力。为了最充分利用眼前所有机会，雷富礼积极主动、灵活变通，并且对于转瞬即逝的各种机遇，他都乐于体会、实验和积极作出反应。此消彼长的客户组合和变幻莫测的零售商业环境，为他提供了充足的学习和锻炼机会，使他不断丰满着羽翼，提高自己创新思维和独立行动的能力。

虽然，积极主动、善于实验、灵活变通、开放通达本身并非什么难以获得的品质，然而，对于一位整合思维者来说，这些都是非常重要的标记。因为整合思维者既要强化商业掌控能力——主要是组织安排、统筹计划、集中统管、重复熟练方面，同时又要打造创新能力——主要是积极主动、善于实验、灵活变通、开放通达方面，而这两方面看上去似乎是完全对立的。从雷富礼成为合作社经理的第一天起，他就有意识地积累经验，同时培养自己掌控和创新两种能力，做到既对立，又统一，而非顾此失彼。

打理合作社的经历使一个核心观念得到加强，那就是——他把自己看做善于解决问题的业务经理，然后告诉自己：如若希望继续进步，就必须不断优化自己掌握的工具。雷富礼的自我优化过程是从他在哈佛商学院读书时开始的，1977 年毕业后加入宝洁，他的自我优化得以继续。起初进入宝洁，他是宝洁“欢乐（Joy）”餐具洗涤剂的品牌经理助理。在随后的 16 年中，雷富礼兢兢业业，先后效力于汰渍、奇尔（Cheer）、多柔（Downy）、邦丝（Bounce）以及其他一系列洗衣和洗涤品牌，最终荣升为宝洁规模最大、利润率最高的部门——洗衣和洗涤产品部总裁。

在这段时期内，雷富礼继续积累经验，不断完善掌控和创新两种技能。尤其是，他继续加深对消费者行为的理解——这件事情早在他供职于海军基地合作社时就开始做了。1984 年，宝洁推出一种新产品——汰渍液体洗涤剂。公司内部就新产品的命名问题吵得不可开交，凭借对消费者行为的深入理解，雷富礼获得了这场“命名之争”的胜利。

一般来说，宝洁在现有产品的基础上进行大规模研发，研制出的新产品多以一个崭新的名字闪亮登场。比如说，当开发出一种新方法专门来清洁坚硬物体的表面时，并不采用硬表面洗涤剂以往主打产品的名字“清洁先生”(Mr Clean)，而是推出了一个新的品牌“速易洁”(Swiffer)。公司的先例都充分说明，为液体洗涤剂取一个新名字毋庸置疑。

不过，雷富礼却有充分的理由打破惯例，开创先河。他说：“长久以来，我们一致认为汰渍洗衣粉适用于去除污垢，而液体洗涤剂常用来清除油渍。”然而，雷富礼自己在家洗了大量脏衣服后发现，仅仅对于宝洁研发洗涤剂配方的科学家来说，这个区别才是有意义的。他继续说道，“问题在于，消费者怎么看？”实际上在消费者眼中，这种洗涤剂仍然是那个可靠的老品牌——汰渍，只不过是换了一种更方便的新包装而已。那么，为什么不干脆把新产品叫做液体汰渍呢？

雷富礼的分析很有道理，就这样，宝洁把液体汰渍推向市场。随后的 20 年内，美国市场对洗衣液的需求是洗衣粉的 3 倍，而汰渍洗衣粉和液体汰渍所占的市场份额几乎是第二大品牌的四倍！假如当时液体汰渍以一个新品牌出现在市场上，它不可能像汰渍一样即刻就获得消费者认可。毕竟，一个稳居货架长达 60 年的老品牌一定比其余一系列刚刚推出二十几年的新品牌更加值得信赖。

雷富礼的商业掌控能力使他在液体汰渍的推广上选择了一条正确的道路，而他的创新能力则是在面临另一重大决策时才展露出来的。1993 年，宝洁的研发人员设计出一种方法，可以把大量的洗衣粉颗粒压缩成比原包装一半还小的形状。这样，无论是在商店货架上、购物车里，还是在洗衣间里，一盒洗衣剂只需占用原来一半的空间。

按照宝洁推广新产品的一个长久惯例，公司需按照正常销售规模把新洗衣剂投入市场，进行消费者测试。测试的结果几乎令所有人大吃一惊——当然也包括雷富礼。尽管在他和同事看来，压缩型洗衣剂具有显著的优势，然而消费者对这种新产品似乎没表现出多大偏好。

于是新产品的未来陷入一片阴霾。通常，宝洁的新产品需要接受严格的消费者定量测试。然后根据测试结果，看新产品是否远远超出意向替代的旧商品，否则新产品就不能投放市场。对于雷富礼这样一位洞察消费者行为的专家来说，这样的测试结果根本就是给压缩型洗衣剂判了死刑。

但是他对这样的“判决”却不甘心，虽然宝洁策划周全、安排严谨的测试已从各个方面说明了投放压缩型洗衣剂是不可行的，然而，凭借自己长期以来精心培养的创新能力，雷富礼对眼前的情况进行了仔细研究，试图找出是否存在什么特别之处，需要宝洁采取另外的应对措施。结果，他发现与以往大多数产品升级不同的是，这种新产品会为广大零售商们带来巨大的成本效益：价格一样，而新产品的包装却小很多。不论是在库房里还是在货架上，新产品只需占据以往旧产品一半的空间，会大大提高零售商们的成本效率。所以他断定，不论消费者们怎么想，零售商们首先一定会欢迎新产品的。而宝洁的生产部门和物流运营部也会像零售商一样，获得巨大的成本效益。

那么消费者怎么办呢？定量调查已经表明，压缩型洗衣剂并不能成功占领洗涤剂市场，可是实验数据也无法证明新产品一定会失败。通过数据我们只能判断，在大多数情况下新产品的投放有可能是个挫败。但是，雷富礼决定深入钻研一些消费者在定量调查表中自发添加的评论。虽然这些自发性评论并不具有严格的统计意义，而且通常在宝洁的新产品评议中仅占很小的比重。然而，对于那些真正懂得如何去利用它们的人来说，比起定量数据调查，评论则能让人更深入地了解和体会消费者的兴趣和情绪。

雷富礼花费了许多个夜晚和周末研读这四百多条手写评论。最后他发现，尽管消费者对压缩型洗衣剂并没有多大热情，但也没有很明显的排斥。实际上，在所有的自发评论中，80％多的顾客都至少提到了一些压缩型洗衣剂的优点。

综合所有这些数据点，雷富礼发现，对于零售商和宝洁的生产部门来说，压缩型洗衣剂都是一个巨大成功。但在消费者那里，最坏的程度也无非是毁誉参半，态度中立。因此，尽管对有关消费者态度还缺乏结论性依据，雷富礼还是赞成把宝洁的所有洗衣粉都改为压缩型洗衣剂。如此大规模的产品改装大约需要公司拨款 2.5 亿美元。迄今为止，这也是雷富礼在宝洁期间所争取到的最大一笔投资了。

然而，这笔投资最终令宝洁大获全胜。“我们努力尝试了，而且赢得了这场比赛，”雷富礼说，“这笔投资太大了，简直太大了。”可作出这个决定时，雷富礼所面临的风险也同样巨大。如果这个尝试失败，那么他很可能被解雇。幸好雷富礼在以往的经历中磨炼出了优秀的掌控能力和创新能力，这些都赋予他足够的勇气来承担风险。倘若他只培养了自己的商业掌控能力，那么这次消费者定量测试的结果一定会令他望而却步、谨小慎微而不敢去改装产品。实际上，宝洁长久以来一直闻名于它的定量调查方法，雷富礼对这次调查的结果也高度重视，但是他没有完全被调查数据束缚了手脚。他说：“我相信自己的判断，而调查不过是判断的辅助手段。”

同样，单凭创新能力也无法形成决策的基础。雷富礼需要调动起他在日常工作中打造的全部掌控能力，充分理解所有留言的含义、零售商的反应以及决策给宝洁生产和销售部门带来的影响。没有掌控能力的话，雷富礼的创新能力是无法抵抗现实世界的残酷的。

在小包装洗衣剂上取得的成功在 1994 年为雷富礼赢得了宝洁亚太地区总裁的席位，他又重新回到了日本——他最早做管理和零售学徒的地方。这位宝洁的高管人员在这里沉淀经历、提炼精华，同时瞄准新的机遇，力求以自己的掌控和创新能力迎接新的挑战。通过几年的磨炼，雷富礼能够游刃有余地利用消费者心理和竞争性战略等工具。随着能力水平的提高，这些工具又能反过来加强了他作为执行高管的基本素质：把挑战、复杂和矛盾转化为创造性的解决方案。

日本为雷富礼提供了更多机遇来展露他的掌控能力和创新能力。出任区域总裁之前，宝洁在日本市场上的境况并不容乐观——在许多业务范围内的排名仅居二三。对于一家土生土长在美国土壤里的企业来说，日本市场的确是个盲点。

在日本，雷富礼充分发挥他的掌控能力，确立了宝洁的营销和销售秩序，把宝洁的日本业务打理得井然有序。同时，他的创新能力也得以提升和拓展。当时，统领日本餐具洗涤剂市场的两大品牌分别控制了40%的市场份额，而且该领域惯例出售的产品都是大瓶包装的稀释皂液。对此，宝洁开发了浓缩型“欢乐”餐洗剂。宝洁的研发人员把皂液的浓度提高为原来的三倍。这样，在容量不变的情况下，产品可以采用更小的包装瓶。几年之前，宝洁就曾在英国和德国尝试推行餐洗剂系列产品，可在与地位稳固的本土产品竞争时都遭遇了惨败。所以，对这次推创新品雷富礼必须慎之又慎。

雷富礼明白，如果想让浓缩型“欢乐”餐洗剂在日本市场上与历史悠久的老品牌竞争，必须采用创新的战略战术。因此，宝洁把新产品定位为具有超强去油功能的餐洗剂，而且让一位全日本家喻户晓的笑星为它做广告——他手拿一瓶“欢乐”洗涤剂，亲自登门拜访进行去油试验。更令人惊诧的还是新产品的定价：雷富礼摒弃了以往低价推广的做法，按照“一分钱一分货”和“物有所值”的道理，把“欢乐”浓缩的价格定在另外两种主要品牌的价位之上。不但如此，雷富礼这次仅推出一件单品，而非一系列大小不同、香型各异的产品，这样就把消费者的眼球牢牢抓住，而零售商又可以用相对较小的货架空间卖出更多的商品。

雷富礼猜想，如果两个对手品牌聪明一些的话，他们就会大力促销普通去污能力的产品。这样，当宝洁浓缩型新产品在市场上站稳脚跟之前，这两家品牌就可以鼓励消费者抵制整个浓缩系列产品。然而，两个对手却没这么做。他们似乎乱了阵脚，也迅速推出一款浓缩型洗涤剂并大力促销。实际上，这两家公司却帮宝洁做了宣传，这样推行新品又重磅出击，无疑印证了浓缩型洗涤剂更胜一筹的事实。到头来，对于最先进入市场的“欢乐”浓缩，两家公司的反应倒是助了一臂之力。雷富礼也承认，自己这一策略确实是个“冒险的招数”，因为两家公司一旦明智些的话，就会采取正确的防御措施，大力宣传原产品系列，从而阻止宝洁浓缩产品成功上市。但他们没有。结果，从此“欢乐”浓缩占据了浓缩洗涤剂市场的领军位置，也是它长此以往所全力捍卫的。

雷富礼的决策方式总是能够充分利用商业掌控能力，无论是自己的，还是别人的。“我喜欢专家和大师，”他说道，“他们的价值不可估量——对于我自身缺乏的经验，他们就是我的代理。”然而，对商业掌管能力的培养却从来没有减弱他对创新能力的追求。2000 年晋升为首席执行官后，他对宝洁企业文化发起了一次重大改革，设计了宝洁的核心价值观，推动先前提到的“联系并开发”(Connect and Develop)策略，显著增加了宝洁业务在日用养护行业的覆盖面，然后操作了宝洁历史上最大的一次收购——以 530 亿美元收购吉列(Gillette)。[2]连雷富礼自己也承认：“我确实很喜欢冒险。”

在雷富礼前 33 年的管理者职业生涯中，我们学会了很多关于经验的道理：首先，采取的态度和应用的工具会影响经验。反过来，拥有的经验又会影响对态度和工具的选择。经验会深化、提升掌控和创新的能力，而那些综合起来之后能够深化掌控和创新能力的素质，就是增强整合思维能力最有力的武器。下面我们仔细研究一下这些道理。

理性态度和工具如何影响经验？

人的一些经验能够印证或加强已有的态度和工具，人们通常都倾向于这部分经验的积累。这是由于：我们采取的态度引导我们应用工具，而所应用的工具又决定我们有怎样的经验。因此，那些相信已有模式与现实相同，而又惧怕出现矛盾模式的人们，就不可能相信还有更好的模式存在。由于他们很难容忍多种模式同时存在，所以就迫不及待地选择一种现成模式，而无视它的缺点。他们只会使用归纳推理和演绎推理两种方法，建立过于简单的模式，然后鼓吹自己的观点，却从不冷静思考多元观点的可能。他们平时积累的经验一定会支持、强化他们最初选择的态度，而且让他们自信已经掌握了所需的全部工具。

可是，雷富礼这样的整合思维者迥然不同：他们认为，现有模式不过是任何人迄今为止所能想出的最好模式，但是他们也欣赏矛盾模式，不但相信一定会有更好的模式有待发现，而且还相信自己会找到——面对复杂情境，他们斗志昂扬、积极介入，同时又宽容忍耐。他们运用创成式推理、建立因果模式和积极质询。在建立新模式的过程中，最初的态度得到印证和加强，配置整合思维工具时用到的技巧性和敏锐度也得以提高。

尽管当时雷富礼只是一位青涩稚嫩的海军军官，他也不肯接受现有的合作社运作模式。这位管理者在职业生涯伊始，就态度鲜明，立场坚定，深信自己会创造出更好的管理模式。他愉快地接受挑战，投入复杂的境况中，探索如何更好地服务客户、如何发现独特的商品以及如何与其他合作社竞争并取胜。

态度决定一切。雷富礼的态度引导他积累那些有助于提高自我技能的经验。正像他深入了解客户心理那样，出售陶瓷象为自己创造了更多机会，在销售中取胜。但是，如果他当时接受了现成的合作社运作模式，那么一定积累不到这些丰富的学习经验，更无法以此完善个人的知识体系。

经验如何影响理性态度和工具

雷富礼的经验让他明白两件事情；第一，自己喜欢商业；第二，自己还需要一些更高深的工具来指导。作为一名合作社经理，他的表现是出色的。然而，经验却令他痛苦地认识到，自己几乎不会什么正规的管理工具。也正是这个原因促使他进入哈佛商学院深造。在哈佛，他收获了宝贵的商业管理工具，完善了自己的“管理工具箱”。从此，他的自我认识便发生了微妙却显著的变化：他不再是曾经那个零管理经验的年轻人了，而是拥有名校学位、数年实践经验和整套管理理论工具的年轻管理者。经验和能力的增长更加巩固了雷富礼作为管理者的信心，他认为自己擅长把握消费者行为、了解消费者心理。因此从哈佛商学院毕业后，在两个同样诱人的工作机会中，雷富礼顺理成章地接受了宝洁营销部的一个职位，而放弃了成为一名战略咨询师。

在雷富礼担任宝洁亚太地区总裁期间，他的职业生涯中再次出现了经验—工具的反馈回路。由于在日本工作，他有机会观察那些优秀的日本公司，学习它们如何孜孜不倦地追求为消费者提供全套体验的设计——从产品本身到产品包装再到消费者在商店中的购物体验。这些观察使雷富礼相信，产品设计可以成为宝洁的竞争优势。他立刻设置了产品设计副总裁的职位，招贤纳良，又成立了外部设计咨询委员会，而且与世界一流的工业设计公司IDEO建立了紧密的合作关系，通过这些来加深自己对产品设计的理解。随着雷富礼管理技巧和敏锐度的日益提高，他渐渐成为业内产品设计界的领军人物。

经验能够深化商业掌控能力

提高掌控能力，需要在某一领域内反复实践。这是因为任何一个领域内的大师们都见多识广，经历过种种特殊情况，而且懂得其含义。他们无需逐一诠释每种感觉和每条信息。数据的海洋浩渺无际，他们只需从其中分离出那些造成差异的个别凸显数据，然后在头脑中绘制出它们的因果关系图。由于整合思维者经常这样做，因此经验就可以告诉他们要形成创造性解决方案应该如何构建问题。

一位技术精湛的医生只需进行简单的检查，就能够诊断病人得了阑尾炎；而一位初来乍到的实习生却需要对多种可能性进行反复思考和比较，最终才能确定病人腹部疼痛的原因。实习生或许仅仅能判断出“腹部疼痛”所属的模糊范畴；而凭借多年经验和锻炼出的对细小差异的敏感，专家就能够准确判断出病症属于“阑尾炎导致的病痛”。一次次的试验数据构成了巨大的数据库，专家们利用这个数据库培养了快速判断病因的技能，也为解决问题创造了捷径。

掌控能力不是偶然间获得的，它只能通过对同一种经验的有计划的、有步骤的重复而形成。这就是为什么我强调，单凭经验不一定能够提高掌控能力。如果在平时网球练习时，能做好一万次正手击球，那么你就有可能在一场重要的比赛中做一个漂亮的正手击。可是，要保证一万次正手击球都掌控自如、炉火纯青，网球运动员就需要具备一个正手击球练习的计划和体系，以便可以遵照计划练习，而且对每次击球都要研究思考。而没有建立计划和体系的球手就很可能在练习时养成坏习惯，在真正比赛中发挥不稳、表现不佳。

当雷富礼还在海军基地管理合作社的时候，他就对自己的经验进行过体系构建，以便能够不断提升自己的掌控能力。他选择在每周三而不是周末召开销售例会，然后大家一起研究数据，总结本周的销售业绩。从过去的经验中获得的学识帮助他提升了商业掌控能力。到宝洁后，通过倾听顾客心声、了解顾客需要、积极作出回应、参照预期衡量结果，雷富礼继续加深着自己对消费者的了解。通过一系列有意识的反复、构建和计划活动，雷富礼逐渐在自己的职业生涯中锻炼成为一位设计创新、品牌推广及产品销售方面的老手。

在经验中培养创新能力

反复、构建和计划都是掌控能力的标记，然而这些并非适用于所有的情况。在一些非标准的情况下，我们需要创造出新的路径或方案——

也就是创新能力。创新要求我们主动进行试验、对新奇的情况自发作出反应并保持开放的头脑、勇于尝试与最初计划或设想不同的新事物。由于创新能力起源于试验，因此，它很容易带来失败。你必须接受并适应试验—出错—反复设置模式这个过程。如若不然，你就可能放弃试验继而转向风险性较低的掌控模式，当然这与培养创新能力是相悖的。

在雷富礼的整个职业生涯中，他始终有意识地培养自己的创新能力：在海军基地合作社，当他得知汽油涨价的消息时，他就主动抓住了这个机会；之后，他又投入大量的时间研读消费者在调查中对压缩型洗衣剂的评论，利用从中收集的信息，针对调查结果设计出一种新颖的应对措施；随后，他又大胆尝试在日本推行"欢乐"餐洗剂，因为他知道，唯有冒险才有可能达到自己的目标。

雷富礼的这些经历都表明，一次次成功的风险承担，使他完善了自己的创新能力。到2000年接任首席执行官时，他对自己的创新能力充满信心。他完全放开手脚，魄力十足地完成了宝洁历史上的几次大举措，也包括"联系并开发"和收购吉列。他的创新经验可以一直追溯到当年销售陶瓷象，那次经验给了他很大的勇气和信心，使他今后更加勇于承担风险以获得更高的回报。

最有效的经验：集掌控和创新能力于一体

掌控能力和创新能力彼此需要，相互促进，共同提升。凭借丰富的经验，无论面对的情况需要调动其掌控能力还是创新能力，雷富礼都能够迅速作出反应。实际上，有时，他在不同模式之间转换之迅速令别人以为他具有多重性格。有时人们看到一个精准无误、严于自律、老道专业的数据分析员，他有条不紊，方法得当，研究消费者调查数据并最终作出决策，似乎一切靠数据说话；而接下来他作的另一个决策又似乎纯粹出于个人直觉。其实，在完全以数据为基础作出的决策中，思维艺术的影响并不低于科学的指导；而在似乎是灵光一现作出的决策中，严格分析与直觉判断同样重要。在职业生涯中的这个阶段，雷富礼的大多数决策都是在掌控和创新两种能力互相补充、共同作用的前提下作出的。

整合思维者的一个显著特点就是充分利用经验把掌控和创新两种能力结合起来。摩西·兹纳梅认为，对于首席执行官来说，严格控制和谨慎安排 Citytv 的花销是自己工作中非常重要的一部分，这项技能也是通过多年的实践经验得出的。同时，兹纳梅还曾是"激进广播"的先驱人士。"理念"一词在商业中已被用滥了，但兹纳梅的创新能力确实有一些"理念"的元素在其中。"像我这样的企业家有时需要点'近视'，"兹纳梅说道，"脑中忽然出现了一个想法，我就会为它魂牵梦绕，陷入其中不能自拔。我不去想这个想法是怎么来的，只是早晨一起床就知道我该做什么。"兹纳梅也同样认识到，必须把掌控和创新两种能力结合起来，尽管有些难度。[3]

同样，教育学家格里·马宾（Gerry Mabin）在管理马宾学校（Mabin School）的时候，也表现出了自如驾驭掌控和创新能力的本事。马宾学校是建在多伦多的一所创造性教育机构。由于具备儿童教育和习得的专业知识，马宾能够在学校教学基础上预测每一个学生的发展方向。马宾学校的每一处设计都细致周到，彰显出马宾为学生开辟一条明确的学习之路的意图。同时，她的教学方式充分利用学生自己的好奇心和自发性。实际上，不如说是学生们自己的惊奇感推进了他们的习得过程。马宾说道："是你跟着他们走，实际上是他们带着你向前走。"[4]

在马宾学校中有一个广为流传的故事。一次外出活动中，学生们要步行到十个街区之外的博物馆去。在他们全部准备好时，突如其来的倾盆大雨延误了他们的出发。雨停之后，学生们在老师的带领下翻越陡峭的山坡，奔赴博物馆。走到半山腰时，学生们都被一个景象吸引住了：雨水从山上冲下来，鼓满泡沫、打着漩涡向路边的排水管道流去。老师没有固执地让学生按原计划去博物馆参观，而是即兴给同学们讲了一堂关于水流的课。这次自发学习的经验如今已成为学校佳话，外出的所有学生中没有谁会因为那天没去成博物馆而懊悔。

雷富礼、兹纳梅和马宾的例子都说明，伟大的领导者擅长利用经验打造和增强自己的掌控能力，同时又能够保持和发挥自己的创新能力。而普通的领导者却只能顾及其一。有的领导者长期注重掌控能力的培养，却不敢放开手脚，大胆创新。他们只敢沿着原有的轨道踏步前进，却不会创造未来。哈佛商学院的埃米·埃德蒙森（Amy Edmondson）发出这样的警告："注意了！由于我们的本能，思路像硬连线一般引导着我们侧重掌控能力而忽略创新能力，会使我们继续沿着现在的方向行进，也只会略微改进我们正在做的东西。这样的话，我们就彻底失去了进行大变革的机会，错过全新的、刺激的东西。"[5]

相反，另外一些人只发挥了创新能力却没有培养掌控能力。他们思维活跃、想法丰富，因而显得出类拔萃。但在管理一个稍具规模和需要持续发展的公司时，他们又不能被委以重任，因为他们不能——或是根本不会——培养出运作此类实体所需的掌控能力。

缺乏创新的掌控会变得机械生硬。如果大师们从不尝试新的思维方式，而总是只能看到同样的凸显因素、同样的因果关系、同样的问题架构，尽管情景有所变化，我们的反应有所区别，这样的掌控能力也只能产生同样的解决方案。因此，失去了创新能力的掌控能力只能是死路一条。

同样的道理，失去了掌控的创新如果不能说是随意偶然，那也是脆弱无力、不堪一击。区分辨别众多毫不相关的凸显因素、研究了解起作用的因果关系以及分析钻研复杂问题都需要我们发挥掌控能力。而没有了掌控，我们的创造性解决方案很可能就是个随意的猜测——它有可能成功一次，但是不可能在反复的实践中屡试不爽。或许以掌控能力促进创新能力的最著名的例子就是帕布罗·毕加索了。对于不了解他早期作品的人，他掀起的立体派艺术革命会让他们以为这是他的彻底创新，而只有熟悉他早期立体派之前作品的人才知道，他是一位多么了不起的传统绘画大师，正是对传统绘画的掌控，才使他在现代艺术中取得了如此大胆的突破和创新。

因而，整合思维的核心就是掌控能力和创新能力的联合。没有掌控能力，所有凸显数据、因果关系或问题的架构都没有意义；而没有创新能力，掌控能力就不会得到提高，掌控能力一旦止步不前，创新能力也就没有了发展的空间。掌控能力是创新能力的激发条件，而创新能力反过来又是掌控能力的生成条件。这两种模式是相互依赖、相辅相成的。

个人知识系统

我们已经多次讲过态度、工具和经验之间相互促进、彼此加强的关系。每次当你通过使用创成式推理、建立因果模式和积极质询形成一个创造性解决方案时，你会更加了解自己使用的这些工具：你可以运用这些工具创造建设性的结果，巩固信心，并相信自己能够找到创造性解决方案。

不仅如此，由于你运用工具解决手边问题的技能更加娴熟，因而在下一次寻找创造性解决方案时，成功的可能性也会更大。反过来，成功会加强乐观的态度，巩固你对自己技能的信心。整合思维者继续累积经验，提升自己的掌控能力，使自己在寻找创造性解决方案时更加自信地应对复杂状况。

很多人认为，这个良性循环是在人年轻的时候建立的。在天下一家卫生研究所成立初期，维多利亚·黑尔是同事中有名的"'为什么不'博士"。她回忆说："人们有时对我说'噢，这样可不行'，我就会问'为什么不行？'"其实，这与她孩提时代的习惯没什么两样。那时还是孩子的黑尔对于教给她的一切东西都会质疑，她更喜欢按照自己的想法去作决定。"谁说这就是答案？"是黑尔经常特有的问法。[6]

很快，黑尔就明白，这样直截了当地表达自己的想法收效甚微，她很快改变了方式。尽管语言更加机智谨慎，可她的态度却从未改变。一次次成功地在紧张局势中找到创造性解决方案，使她越发相信现有模式并非唯一模式，越发激励她学习使用工具去简化模式的创建过程，探索创造性解决方案所必需的技巧和敏锐度也在这一过程中磨炼提高。

反复实践也增强了黑尔的信心。她明白，每天都这样努力去做是不容易的，但是长期以来的经验告诉她，这并非不可实现。就像托马斯·C.钱伯林说的，经常性地运用自己的思辨头脑，而最终就成就一种下意识的习惯。

在我所采访的所有整合思维者中，黑尔可不是唯一一个把思辨发展成为习惯的人。对任何人来说，整合思维者表现出的是沉着自信，而非盲目自大。他们非常信赖在多年经验中培养的技能和敏锐度，而且随着这些技能的应用，他们逐渐形成一种沉着而乐观的态度。

增加经验知识

我们谁也不能重新回到童年时期，练习面对现成模式而创造出一个新模式，可是我们能够从之前的经验中吸取经验、增加智慧。要想这么做，我们就需要按照第六章说的方法对我们自己的思维进行思考。我们只有以某种方式记录下我们的预期，才能审视实际取得的结果，并把它与最初的预期对比，然后从中获得经验。

在探索自己的思维方面，雷富礼可谓训练有素。他总是想知道如果令一个结论牢固可靠，“哪些东西是我们必须要相信的”。就如同在第六章中看到的，我们想知道某一模式是否合理有效，就需要确定模式的哪些方面必须是真实的。[7]

雷富礼先通过提问题，为自己的决策规划一个逻辑审查路线：如果决策没有产生预期的效果，他就会检查决策，看要使决策正确可靠应该保证哪些问题务必正确，然后再判断自己在什么地方出了错或者忽略了什么凸显因素。就像每天都能取得进步的鲍勃·扬,他把从以往经历中学习到的经验应用到下一个模式中,因而每次都能比上次更加熟练一些。

在罗特曼管理学院整合思维教学中,为了使学生和管理人员最大限度地从自己的经验中受益,我们教他们如何检查和记录自己决策的逻辑、并把实际结果和自己预期的结果进行比较。假如结果与自己的预期一致,那么就证实他们使用的工具和采取的态度都是正确合理的,也为他们此后的决策树立了信心。然而,假如结果与他们的预期不同,学生们应当问一下自己:我们怎样才会得到一个更好的结果?改变决策过程中使用的工具?还是调整指导决策所用的思想?只需经过一定的练习,学生们就可以非常熟练地反向设计决策过程并检查结果了。

整合思维者的个人知识系统

在这本书中,我们详细说明了整合思维者个人知识系统的典型特点——包括他们的理性态度、工具和经验。我们用图示形象把这些内容表示出来,参见图 8—1。

图 8—1　整合思维者的知识体系

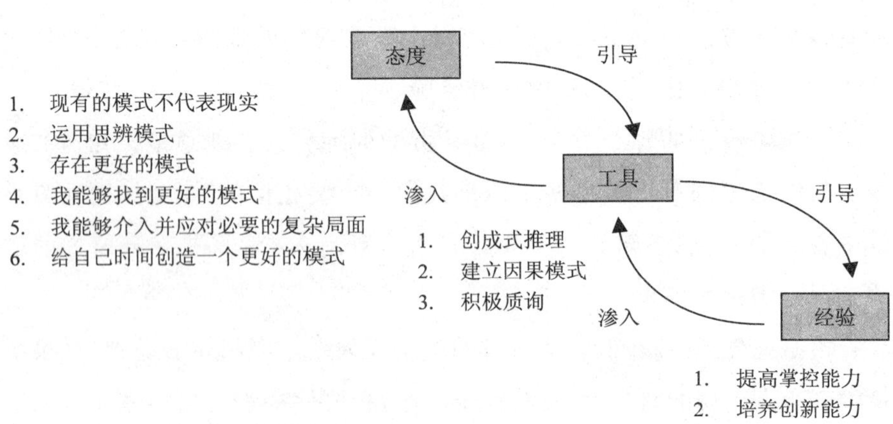

将理性态度、工具和经验融合在一起，整合思维得以不断发展，在探求创造性解决方案方面日渐成熟。不但如此，个人知识系统也可以使技能更加专业化。但是，在这个学习的过程中，你需要具备极大的耐心，而且还要不断进行反思。

先说耐心，作为一名真正的整合思维者，需要丰富的经验来磨炼敏锐度和技巧性。对于大多数人来说，如果不是几十年的话，也至少需要几年的时间来打造这种敏锐度和技巧性——正如他们在“十二步练习”中说的那样，“耐心需要时间”。如果你采取的态度能符合那六个特点，你就可以与时间赛跑，更早塑造成这种敏锐度和技巧性。也就是说，具备了这样的态度就如同建立了一个构架，它可以帮助你开发所需的工具，并引导你去积累那些有利于培养敏锐度和技巧性的经验。

再说反思。通过反思，你可以从每一段新的经验中取得最大化的收获，并加速成为一名整合思维者。人们总倾向于简单地思考和行动，却从不去思考我们的思考方式。关于这一点，已故的伟大管理学家彼得·德鲁克在他1965年的演讲中说道：

> 你会发现，那些最浅显、最简单、最明确的结论总是小部分实践者提出的。你还会发现，其实就是那些最明显的东西，人们却根本没有看到。或许这就说明，只要我们理所当然地接受一切，我们就永远都会对哪怕是最明显的东西视而不见。[8]

与德鲁克的观点一致，本书就是试图讲述人们理所当然接受的一个道理。这个明显的道理就是，卓越的管理者跟他大多数同行的思想是不一样的。这些管理者们所运用的整合思维并非什么火箭科学，高深莫测，而是一种明智实用的思维方式。可是，掌握这种思维方式需要我们在日常的经验积累中获得掌控能力和创新能力。而且还要学会反思，因为反思可以避免我们理所当然地接受明显的道理，并赋予经验无限的价值。当你不再欣然接受自己的想法，开始质疑自己的思维方式时，你就给自己创造了最好的机会，有可能改进自己的思维，并把自己思辨的头脑发挥运用到极致。

亲爱的读者，希望你在建立个人知识系统、学习整合思维艺术和科学的过程中一帆风顺。也希望你们努力工作，认真思考，不要虚度光阴，因为世界需要你们。

注　释

第一章

1. F. Scott Fitzgerald，*Up*（New York：New Directions Publishing，1945）.

2. Michael Lee-Chin 与本书作者在多伦多大学罗特曼管理学院的谈话，2002 年 2 月 28 日。

3. 2006 年福布斯亿万富豪榜。李秦以其 21 亿美元净资产名列第 365 位，见 http://www. forbes. com/lists /2006/10/7TE8. html。

4. 本书中所有货币单位均已换算为美元，但不包括在引用语中出现的货币。

5. Andrew Willis，"AIC's Disadvantage：No Street Friends，"*Globe and Mail，September 2，1999*.

6. Thomas C. Chamberlin，"The Method of Multiple Working Hypothese，"*Science* XV，no. 366（February 7，1890）；93.

7. Wallace Stevens，"Notes Toward an Extreme Fiction，"*The Collected Poems of Wallace Stevens*（New York：Vintage Books，1990），380.

8. A. G. Lafley 与本书作者在多伦多大学罗特曼管理学院的谈话，2005 年 11 月 21 日。

9. Bob Young 与本书作者在多伦多大学罗特曼管理学院的谈话，2003 年 9 月 23 日及 10 月 6 日。

10. Larry Bossidy 和 Ram Charan，*Execution：The Discipline of Getting Things Done*（New York：Crown Business，2002）；Jim Collins，*Good to Great：Why Some Companies Make the Leap... And Others*

Don't(New York: HarperCollins, 2001); Jack Welch, *Jack: Straight from the Gut*(New York: Warner Business, 2001)。

11. Bossidy 和 Charan, *Execution*,22。

12. Collins, *Good to Great*,37.

13. Chamberlin, *Science*,94.

第二章

1. A. G. Lafley,与本书作者在多伦多大学罗特曼管理学院的谈话,2005 年 11 月 21 日。

2. Isadore Sharp 与本书作者在多伦多大学罗特曼管理学院的谈话,2002 年 4 月 11 日。

3. Kevin Libin, "Four Seasons Hotels," *Canadian Business*, June 23, 2003, 48.

4. Roger Hallowell, "Four Seasons Hotels and Resorts,"案例编号 9-800-385(Boston: Harvard Business School, 2000)。

5. *Fortune*,"百家最佳雇主"年度排名,1998—2006 年。

6. "执行系统"的概念出自迈克尔·波特,"What Is Strategy?" *Harvard Business Review*, November-December, 1996, 61—70。

第三章

1. Craig Wynett 与本书作者在俄亥俄州辛辛那提宝洁公司的谈话,2006 年 10 月 18 日。

2. Jordan Peterson 与本书作者在多伦多大学罗特曼管理学院的谈话,2004 年 11 月 24 日。

3. 此例中的概念大部分引自 Chris Argyris 的管理学理论,如 Chris Argyris, *Overcoming Organizational Defenses* (Boston: Allyn & Bacon, 1990)。

4. John Sterman 与本书作者在多伦多大学罗特曼管理学院的谈话,2003 年 3 月 23 日。

5. Jack Neff,"Does P&G Still Matter?"*Advertising Age*, July 25, 2000.

6. A. G. Lafley 与本书作者在多伦多大学罗特曼管理学院的谈话, 2005 年 11 月 21 日。

7. 见 http://www.alumni.hbs.edu/news_events/alumni_achievement/2004_lafley.html。

8. Larry Huston 和 Nabil Sakkab,"Connect and Develop: Inside Procter & Gamble's New Model for Innovation" *Harvard Business Review*, March 2006, 58—66。

9. Bob Young 与本书作者在多伦多大学罗特曼管理学院的谈话,2003 年 9 月 23 日及 10 月 6 日。

10. Piers Handling 与本书作者在多伦多大学罗特曼管理学院的谈话,2002 年 3 月 7 日。

11. Brenda Bouw,"25 Years of Toronto's Film Festival" *The National Post*, May 8, 2000.

12. Liam Lacey,"TIFF/Outpacing Sundance, Passing Cannes,"*Globe and Mail*, September 3, 2005.

13. Gina McIntyre,"Buzz Bin,"*Hollywood Reporter*, September 6—12,2005.

14. A. G. Lafley,与本书作者在多伦多大学罗特曼管理学院的谈话, 2005 年 11 月 21 日。

第四章

1. 见 http://www.medaloffreedom.com/MarthaGraham.htm; http://www.time.com/time/time100/artists/profile/graham.html。

2. Martha Graham 的相关经历出自 http://www.kennedy-center.org/honors/history/honoree/graham.html; http://www.biography.com/search/article.do? id=9317723。

3. Daniel Levinthal 和 James March,"The Myopia of learning,"*Stra-*

tegic *Management Journal*，第 14 期（1993 年冬季特刊）：95—112。

4. Peter Drucker 与本书作者在多伦多大学罗特曼管理学院的谈话，2002 年 6 月 12 日。

5. Hilary Austen 与本书作者在多伦多大学罗特曼管理学院的谈话，2002 年 3 月 25 日。

6. F. C. Kohli 与本书作者在多伦多大学罗特曼管理学院的谈话，2006 年 10 月 5 日。

7. Bruce Mau 与本书作者在多伦多大学罗特曼管理学院的谈话，2004 年 11 月 2 日。

8. Tim Brown 与本书作者在多伦多大学罗特曼管理学院的谈话，2004 年 1 月 15 日。

9. Moses Znaimer 与本书作者在多伦多大学罗特曼管理学院的谈话，2002 年 4 月 10 日。

第五章

1. 我要感谢 Hilary Austen Johnson，本文借用了她关于理性态度、工具手段以及经验的理论框架结构。她在斯坦福大学做论文的时候，我有幸一窥她的个人知识体系理论思想。这个理论思想也为本章提供了理论之源。如果读者对她的作品和思想感兴趣，可以参见 Hilary Austen Johnson，“Artistry for the Strategist”，*Journal of Business Strategy*，2007 年第四期，第 28 卷，13—21。

2. Bob Young 与本书作者在多伦多大学罗特曼管理学院的谈话，2003 年 9 月 23 日、10 月 6 日、7 日、27 日、28 日，以及 12 月 1 日、2 日。

3. Marshall McCluhan，*Understanding Media: The Extensions of Man*（New York: McGraw-Hill, 1964; Gingko Press 再版，2003）.

4. Sumantra Ghoshal，“Bad Management Theories Are Destroying Good Management Practices，”*Academy of Management Learning Education* 4，no. 1(2005)：75—91.

5. Richard Nelson 和 Sidney Winter，*An Evolutionary Theory of Eco-*

nomic Change(Cambridge: Harvard University Press, 1982)。

第六章

1. Victoria Hale 与本书作者在旧金山的谈话,2006 年 12 月 15 日。

2. 见 http://www.macfound.org/site/c.lkLXJ8MQKrH/b.959463/k.9D7D/Fellows_Program.htm。

3. Meg Whitman 与本书作者在多伦多大学罗特曼管理学院会议上的谈话,2005 年 1 月 28 日。

4. Nandan Nilekani 与本书作者在多伦多大学罗特曼管理学院的谈话,2002 年 9 月 16 日。

5. Jack Welch 与本书作者在多伦多大学罗特曼管理学院的谈话,2005 年 9 月 12 日。

6. Ramalinga Raju 与本书作者在多伦多大学罗特曼管理学院的谈话,2004 年 10 月 26 日。

7. Bruce Mau 与本书作者在多伦多大学罗特曼管理学院的谈话,2004 年 11 月 2 日。

8. 满足模式防御是从 Karl Popper, The Logic of Scientific Discovery (London: Hutchinson, 1959) 中提到的辩解主义发展而来。

9. Nathan Houser 和 Christian Kloesel 主编, The Essential Peirce: Selected Philosophical Writings (1867—1893) vol. 1(Bloomington: Indiana University Press, 1992);以及 Pierce Edition Project 主编, The Essential Peirce: Selected Philosophical Writings (1893—1913) vol. 2 (Bloomington: Indiana University Press, 1998)。此后,Karl Popper 发展了伪证主义理念(同样在 *The Logic of Scientific Discovery* 中提出)。虽然从表面上看这并不是基于 Peirce 的作品,而是 Popper 在后来提及,但是强化了 Peirce 的不可靠理论,并在其基础之上建立起新的理念。之后,Imre Lakatos 进一步建立了复杂方法伪证;参看 Imre Lakatos 和 Alan Musgrave 所著 *Criticism and the Growth of Knowledge*(New York: Cambridge University Press, 1970)一书中 Imre Lakatos 所写的"Falsification and the

Logic of Scientific Research Programmes"一文。我提出的乐观模式找寻概念旨在把 Peirce 的不可靠理论和 Lakatos 的复杂方法伪证结合起来。

10. Bob Young 与本书作者在多伦多大学罗特曼管理学院的谈话，2003 年 9 月 23 日及 10 月 6 日。

11. Michael Lee-Chin 与本书作者在多伦多大学罗特曼管理学院的谈话，2001 年 2 月 28 日。

12. K. V. Kamath 与本书作者在多伦多大学罗特曼管理学院的谈话，2004 年 4 月 16 日。

13. Rob McEwen 与本书作者在多伦多大学罗特曼管理学院的谈话，2006 年 10 月 18 日。

14. Jan Rivkin, "Immitation of Complex Strategies," 46, no. 6 (June 2000): 824—844; Mihnea Moldoveanu 和 Robert Bauer, "On the Relationship Between Organizational Complexity and Organizational Structuration", *Organization Science* 15, no. 1 (January 2004): 98—118。

第七章

1. Taddy Blecher 与本书作者在多伦多大学罗特曼管理学院的谈话，2006 年 9 月 16 日。

2. Education in South Africa, 见 http://www.southafrica.info/ess_info/sa_glance/education/education.htm。

3. David White, "How to Build a University at Minimum Cost," *Financial Times*, June 6, 2006.

4. Peirce, *The Essential Peirce* (vols. 1 and 2).

5. James March, Lee Sproull 和 Michael Tamuz, "Learning from Samples of One or Fewer," *Organization Science* 2, (1991): 1—13。

6. John Sterman 与本书作者在多伦多大学罗特曼管理学院的谈话，2003 年 3 月 24 日。

7. Jay Forrester, *Industrial Dynamics* (Cambridge: Pegasus Press, 1961).

8. George Lakoff 和 Mark Johnson, *Philosophy in the Flesh: The Embodied Mind and Challenge to Western Philosophy*(New York: Basic Books, 1999)。

9. 关于"个人案例法"这种技能的主要作品包括:Chris Argyris, *Knowledge for Action*(San Francisco: Jossey-Bass, 1993)。

第八章

1. A. G. Lafley,与本书作者在多伦多大学罗特曼管理学院的谈话,2005 年 11 月 21 日。

2. Procter & Gamble 2006 Annual Report, note 2, p. 49.

3. Moses Znaimer 与本书作者在多伦多大学罗特曼管理学院的谈话,2002 年 4 月 10 日。

4. Gerry Mabin 与本书作者在多伦多大学罗特曼管理学院的谈话,2001 年 2 月 16 日。

5. Amy Edmondson 与本书作者在多伦多大学罗特曼管理学院的谈话,2004 年 10 月 24 日。

6. Victoria Hale 与本书作者在旧金山的谈话,2006 年 12 月 15 日。

7. A. G. Lafley 与本书作者在多伦多大学罗特曼管理学院的谈话,2005 年 11 月 21 日。

8. Peter Drucker, "Entrepreneurship in Business Enterprise," 1965 年 3 月 3 日在多伦多大学的演讲;"Commercial Letter"(Head Office, Toronto: Canadian Imperial Bank of Commerce, March 1965, 11—12)。

作 者 简 介

罗杰·马丁1998年以来担任多伦多大学罗特曼管理学院院长，并是该院竞争力与生产率领域的首席研究员。在罗特曼管理学院，他同时是利基企业公民权研究中心（AIC Center for Corporate Citizenship）、德索泰尔整合思维研究中心、医疗战略合作项目（Collaborative for Health Sector Strategy）以及竞争力与经济繁荣研究所（Institute for Competitiveness and Prosperity）的负责人。

马丁1979年获得哈佛大学文学学士学位，1981年获得哈佛商学院工商管理硕士学位。他与哈佛商学院的一些校友创立了监控公司（Monitor Company），使之从微不足道、默默无闻一路成长为世界顶级的战略咨询公司之一。他于1995年和1996年担任公司共同总裁，一直以来都是各大跨国公司首席执行官的战略顾问。

他的上一本专著是2002年由Basic Books出版的《责任病毒》（*The Responsibility Virus*）。马丁在多种出版物上发表过作品，这些出版物包括：《哈佛商业评论》、《金融时报》（*Financial Times*）、《快速公司》（*Fast Company*）和《巴伦周刊》（*Barron's*）。他还是《商业周刊》（*BusinessWeek*）网络版的专栏作家。

2004年，马丁获颁"马歇尔·麦克卢汉领导力成就奖"（Marshall McLuhan Award for Visionary Leadership）。2005年，他与另外六人被

《商业周刊》授予“创新大师”(Innovation Gurus)的称号。2007年,由于对整合思维所做的研究,他以世界上最具影响力的十位商业学教授之一入选《商业周刊》“商学院全明星”(B-School All-Star)阵容。他关于整合思维的研究,也是本书的主题。

马丁效力于汤姆森公司(Thomson Corporation)、动态研究公司(Research in Motion)、史科尔基金会(Skoll Foundation)、加拿大信贷管理基金会(Canadian Credit Management Foundation)、加拿大网球协会(Tennis Canada)的董事会。他也是多伦多儿童医院(Hospital for Sick Children)的理事。此外,他还担任安大略省竞争力、生产率与经济发展特别行动小组(Ontario Task Force on Competitiveness, Productivity and Economic Progress)的主席。